效益实现管理实践指南

[美] Project Management Institute 著

BENEFITS REALIZATION MANAGEMENT

A Practice Guide

電子工業出版社
Publishing House of Electronics Industry
北京 · BEIJING

图书在版编目（CIP）数据

效益实现管理实践指南 / 美国项目管理协会著；傅永康，罗继平，杨俊译. —北京：电子工业出版社，2020.7

书名原文：Benefits Realization Management: A Practice Guide

ISBN 978-7-121-39066-1

Ⅰ. ①效… Ⅱ. ①美… ②傅… ③罗… ④杨… Ⅲ.①项目管理 Ⅳ. ①F224.5

中国版本图书馆 CIP 数据核字(2020)第 095904 号

责任编辑：卢小雷

文字编辑：刘淑敏

印　　刷：北京盛通商印快线网络科技有限公司

装　　订：北京盛通商印快线网络科技有限公司

出版发行：电子工业出版社

北京市海淀区万寿路 173 信箱　邮编 100036

开　　本：880×1230　1/16　印张：6.75　字数：167 千字

版　　次：2020 年 7 月第 1 版

印　　次：2021 年 4 月第 2 次印刷

定　　价：68.00 元

凡所购买电子工业出版社图书有缺损问题，请向购买书店调换。若书店售缺，请与本社发行部联系，联系及邮购电话：（010）88254888，88258888。

质量投诉请发邮件至 zlts@phei.com.cn，盗版侵权举报请发邮件至 dbqq@phei.com.cn。

本书咨询联系方式：（010）88254199，sjb@phei.com.cn。

声明

作为项目管理协会（PMI）的标准和指南，本指南是通过相关人员的自愿参与和共同协商而开发的。其开发过程汇集了一批志愿者，并广泛收集了对本指南内容感兴趣的人士的观点。PMI 管理该开发过程并制定规则以促进协商的公平性，但并没有直接参与写作，也没有独立测试、评估或核实本指南所含任何信息的准确性、完整性或本指南所含任何判断的有效性。

因本指南或对本指南的应用或依赖而直接或间接造成的任何人身伤害、财产或其他损失，PMI 不承担任何责任，无论是特殊、间接、因果还是补偿性的责任。PMI 不明示或暗示地保证或者担保本指南所含信息的准确性和完整性，也不保证本指南所含信息能满足你的特殊目的和需要。PMI 不为任何使用本标准或指南的制造商或供应商的产品或服务提供担保。

PMI 出版和发行本指南，既不代表向任何个人或团体提供专业或其他服务，也不为任何个人或团体履行对他人的任何义务。在处理任何具体情况时，本指南的使用者都应依据自身的独立判断，或在必要时向资深专业人士寻求建议。与本指南议题相关的信息或标准亦可从其他途径获得。读者可以从这些途径获取本指南未包含的观点和信息。

PMI 无权也不会监督或强迫他人遵循指南的内容，不会为安全或者健康原因对产品、设计或者安装进行认证、测试或检查。本指南中关于符合健康或安全要求的任何证明或者声明，都不是 PMI 做出的，而应由认证者或者声明者承担全部责任。

前言

项目组合、项目集和项目通过效益实现管理（Benefits Realization Management，BRM）交付价值的概念可以追溯到 1969 年为美国国际开发署开发的逻辑框架方法（Logical Framework Approach，LFA），LFA 是一种主要用于设计、监督和评估国际开发项目的方法论。在私营企业中，BRM 大约 30 年前出现在信息技术行业，当时这项技术的发展使得对计划效益的投资取得成果变得更为重要。事实证明，BRM 的实践对效益来自项目组合、项目集和项目的输出的其他各行各业都是有用的。尽管 BRM 作为一门学科尚未达成广泛共识，但它仍在不断发展并被认为是一种有用的管理方法。

这种演变的重要驱动因素在于：

- 业务增长聚焦于适应快速变化的能力。
- 新的和不断发展的效益管理方法以交付能产生价值的计划成果和效益。
- 需要长期尽可能有效率且有效果地将项目组合、项目集和项目的输出与结果、效益和价值联系起来。

基于这些考虑，本书为从业者提供了有效参与 BRM 的当前 BRM 概念和方法的集合。它为使用项目组合、项目集和项目的组织的 BRM 实践提供指导，旨在支持和补充 PMI 的基础标准，以帮助驱动成功的商业成果。

这本新的实践指南提供了：

- 由经验丰富的 BRM 从业者定义和解释的长期存在的及最近发展的概念和实践的多样化的集合。
- 关于如何使用这些概念和实践来提高 BRM 效率的通用指导。

注：《PMBOK®指南》（第 6 版）中将术语 benefit 译为“效益”，但业界也有称为“收益”的。

目录

图表目录

第 1 章

引论

1.1 目的

本实践指南描述了聚焦于产品、服务、结果或流程改进的效益实现管理。BRM 涵盖了日常组织管理工作以实现与维持项目组合、项目集和项目所带来的潜在效益。无论效益的聚焦点是什么，BRM 都会提供实施 BRM 所需的知识。

本实践指南：

- 提供对 BRM 的实践化描述。
- 定义 BRM 与项目组合、项目集和项目的角色和生命周期关系。
- 描述 BRM 之所以重要的原因。
- 识别帮助组织实现其所寻求的战略愿景的一部分，即计划效益所需的关键原则和关键成功驱动因素。
- 在项目组合、项目集、项目和组织变革管理的背景中为组织建立 BRM 方法提供通用指导，以及识别通用词汇以帮助讨论 BRM。

此外，本实践指南旨在帮助从业者：

- 了解 BRM 的基本原理。
- 考虑如何适应和调整现有技术和实践以满足组织需要。
- 支持 BRM 在可能尚未就如何更好地使用或改变 BRM 达成共识的实践领域的应用。

BRM 实践的选择及组织如何裁剪它们选择实施的内容高度依赖组织、文化和实践规范。本实践指南旨在帮助从业者更好地理解作为项目组合、项目集和项目管理思想、活动、职责和最终责任的不可或缺的一部分，积极地管理效益意味着什么。

本实践指南中的信息和指南可全部或部分用于开发任何类型战略管理的人工或自动化实践，包括组织使用的项目组合、项目集和项目生命周期。

1.2 对 BRM 的需要

面对快速变化和日益复杂的问题，组织在努力实施它们所需的战略以生成和维持竞争优势。现在比以往任何时候都更需要确保项目组合、项目集和项目的投资带来明确的、可持续的效益。效益是组织和受益人通过项目组合、项目集或项目的输出及由此产生的成果而实现的收获。

从计划效益到实际实现的效益在适当跟踪上通常存在差距。BRM 是通过使项目组合、项目集和项目与组织的总体战略保持一致从而缩小差距的方法。良好的 BRM 有助于纠正战略错位、改进举措选择、整合输出和成果，顺利移交给运营，从而产生为组织交付更多价值的可测量的效益。价值是已实现的效益减去为实现这些效益所付出的成本的净结果。根据项目管理协会《2018 年职业脉搏调查报告：颠覆性时代的成功》进行的调查：

- 不到 1/10 的组织报告在价值交付能力上具有很高的成熟度。
- 满足原始目标/商业意图的项目的平均百分比，对于成熟的组织是 78%，不成熟的组织则是 56%。
- 只有 31%的组织优先考虑开发全面的价值交付能力。
- 对于那些投资以获得高交付能力的行业领先的公司，87%的公司表示已经实现了高交付能力，而表现欠佳者只有 5%。

建立正式或改进现有的 BRM 流程需要关注以下几个优先事项：

- ◆ 根据计划的战略成果和效益——特别是为组织创造价值，来管理项目集和项目的组合。
- ◆ 如果要实现计划效益，要确认所需的组织变革程度。
- ◆ 为定期对话创造环境，在每个举措开始时就确保所需的一致性、评估进展和路线正确。参与对话的人员有：
  - ■ 最高级别的高管。
  - ■ 组织所有者。
  - ■ 高级用户。
  - ■ 适当的项目组合、项目集和项目经理。
- ◆ 为成功创造合适的条件，包括：
  - ■ 根据 BRM 关键原则设定期望。
  - ■ 建立针对这些原则的支持行为。
  - ■ 营造价值导向的环境。
  - ■ 拥有合适的项目组合、项目集和项目经理，以及承诺把 BRM 做好的高层领导。

BRM 是一个持续的旅程，组织在其中通过不断实践和改进其绩效而学习。组织可以通过增量式的步骤显著提升 BRM 能力，例如，启动多个快速获胜的措施以迅速积累经验。

PMI 研究强化了 BRM 中项目组合、项目集和项目管理的价值增加角色。然而，该研究还表明职责和最终责任水平在实践中有所不同，特别是对于主动用监控和报告指标及其他关键信息（如对照效益实现管理计划的进展测量）管理 BRM 的实践。

不足为奇的是，只有不到一半的受访组织明确了项目经理的角色，以帮助确保通过项目的可交付成果实现的计划效益与项目组合/项目集（项目是其组成部分）相关的战略目的和目标是一致的并且保持一致。项目经理与项目组合和项目集经理一样，可以在帮助确保受益人实现效益方面发挥有益作用。在成熟的 BRM 环境中，确保特定项目集内的组件项目的战略一致性是项目集经理的职责，确保项目集和非项目集项目的战略一致是项目组合经理和效益负责人的职责。

虽然这一发现进一步说明了有多少执行领导没有将项目组合、项目集和项目管理与实现战略目标完全联系起来，但它也强调了 BRM 是项目组合、项目集和项目经理、效益负责人、组织所有者、执行发起人（有时称为高级负责人）和其他高级领导人的共同职责。

本实践指南为帮助组织和从业者成功通过关键举措实现计划效益提供了参考资料。然而并非所有组织都使用项目组合、项目集和项目管理这三个领域来管理临时工作。尽管如此，这些组织应该通过调整 BRM 的原则和实践来满足组织的需要以从中受益。例如，当一个组织没有实施正式的项目组合管理却通过项目来实施举措时，就像在许多中小型实体一样，项目经理应该直接与高级领导进行联系，这些高级领导对项目成果预期产生的计划效益负责。

1.3 目标受众

本实践指南适用于负责以下事项的任何人：

- 识别和实现对项目组合、项目集及项目进行投资的预期效益。
- 与高管和/或发起人沟通与效益相关的问题。
- 确保计划效益与组织的战略目的和目标保持一致并对其做出贡献。
- 确保实现和维持来自项目组合、项目集和项目输出中的效益。

该群体包括但不限于：

- 效益负责人。
- 资深最终用户。
- 执行管理团队。
- 执行发起人。
- 项目组合和项目管理办公室（Project Management Office，PMO）经理。
- 职能/运营经理。
- 组织变革经理。

- 商业分析师。
- 项目组合、项目集和项目经理及其各自的团队成员。

本实践指南旨在帮助从业人员在整体能力水平和在项目组合、项目集和项目环境中应用 BRM 方面获得改进。

1.4 内容概述

本实践指南的结构如下：

- **第 1 章 引论。**本章概述了出版第一个关于 BRM 实践指南的目的和需要，还定义了本指南的基本原理和目标受众。
- **第 2 章 BRM 和组织环境。**本章描述了 BRM 在组织中的适用位置，组织战略如何与效益相关，BRM 的核心原则和关键成功驱动因素，以及对组织级 BRM 角色和职责的总结。
- **第 3 章 BRM 框架。**本章描述了识别、执行和维持这三个生命周期阶段，以及为提供连接组织的项目组合、项目集和项目的可行的 BRM 系统所需的支持活动、实践和通用工具。
- **第 4 章 在 BRM 背景中为项目组合、项目集和项目管理提供指导。**本章提供了对项目组合经理、项目集经理和项目经理及商业分析师的指导，指导哪些行动和实践支持并增强他们在各自的领域参与 BRM 生命周期活动。
- **附录 X1 BRM 实践指南的贡献者和评审者**
- **附录 X2 效益实现管理准备情况调查**
- **附录 X3 BRM 研究总结**
- **术语表。**术语表提供关键的 BRM 术语的定义。

第 2 章

BRM 和组织环境

本章介绍了基础术语、概念、原则、关键成功因素及角色和职责。此外，本章还概述了组织战略和效益、效益和需求跟踪、效益分类考虑因素和效益测量等主题。

2.1 概述

BRM 包含组织用于识别效益，执行其效益实现管理计划及维持项目组合、项目集和项目交付的效益的标准方法和流程。BRM 要求与组织的战略保持一致，对本章所描述的关键原则和技术有充分的理解。

术语“效益”和“价值”通常可互换使用。但是了解它们之间的差异及效益与项目组合、项目集和项目之间的直接关系很重要。在本实践指南中，效益被定义为组织和受益人通过项目组合、项目集或项目的输出及由此产生的成果而实现的收获。然而，价值被定义为已实现的效益减去为实现这些效益所付出的成本的净结果。价值可能是有形的或无形的。图 2-1 说明了这个等式。

成本管理在《项目管理知识体系指南》（《PMBOK®指南》）和《挣值管理实践标准》中有详细描述。对 BRM 的关注点是图 2-1 中的效益组成部分，包括有形和无形效益（关于有形和无形效益的讨论见第 3.5.3 节）。在某些情况下，由于一定程度的主观因素的介入，很难对这些效益进行量化并为获得这些效益分配适当的成本。在量化无形效益时尤其如此，尽管有一些方法可以帮助量化无形效益，如使用代理或代表性测量。

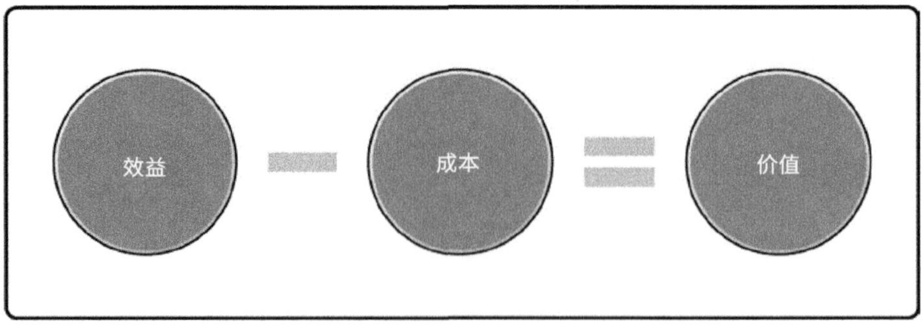

图 2-1 效益–价值等式

例如，通过具有人工智能（Artifical Intelligence，AI）引擎（项目输出）的新网站实现的更好的客户体验（无形效益）的价值可采用货币形式的估价，即通过网站增加的销售额（一个有代表性或替代性的有形测量）减去实施该 AI 项目的成本。

效益实现是预期受益人对收获的整合，这些收获通过使用项目组合、项目集和项目的输出而产生。将这些收获和由它们对组织的结果价值进行整合的需要驱使组织追求更有效的 BRM 实践。时间和测量范围是评估、规划、实现和测量效益、成本和结果价值的重要因素，因为它们随时间变化。效益实现管理是用来实现和维持项目组合、项目集和项目投资所产生的计划效益的日常组织和管理工作。

由于效益是“组织和受益人实现的收获”，这意味着效益是积极的成果或组织的投资结果。当组织设定其战略目的和组织目标时，每个目标都将与计划效益相结合。这些效益具有开始期和维持期，并在各自的生命周期中接受管理。（第 3 章描述了 BRM 框架、生命周期和相关实践。）

通过组织战略规划设定目的和目标，管理人员负责驱动组织前进。然后将组织战略目标分解为举措（项目组合、项目集和项目），这些举措交付的输出集体成为成果，并最终实现效益。

管理项目组合的主要目的是选择适当的一组项目集和项目，并执行它们以实现计划效益并优化组织价值。对于不参与项目组合或项目集管理但通过项目管理实践实施举措的组织，挑战仍然是相同的——组织选择一组适当的项目并有效地执行它们以实现计划效益。

管理效益的过程涵盖了一项举措正式启动之前、执行期及完成后的全过程，且贯穿效益维持期，在此期间效益累积并加以实现。重要的是，一旦商定了战略，就必须确定角色和职责（见第 2.5 节）。同样重要的是，业务相关方应清楚地理解并同意目的、目标和相关效益的特征。诸如使用 RACI 图表的技术是用于确保澄清效益实现的角色和职责的常用方法。

2.2 组织战略和效益

组织制定愿景、使命和战略来指导它们的方向。这些战略与具有相关效益的更大的总体目的相关联。例如，一个城市可能有一个改善当地经济的战略目的。该战略目的的一些相关效益可能是增加旅游收入、增加就业机会和更多景点/设施。然后将目的分解为组织目标，通过项目组合、项目集和项目管理举措执行这些目标以交付输出，输出进而产生成果。然后，成果产生计划效益，最终交付组织所寻求的价值。图 2-2 概览了战略如何与项目组合、项目集和项目的举措相连接以交付输出，输出导致成果，成果产生效益，以及最终的组织价值。

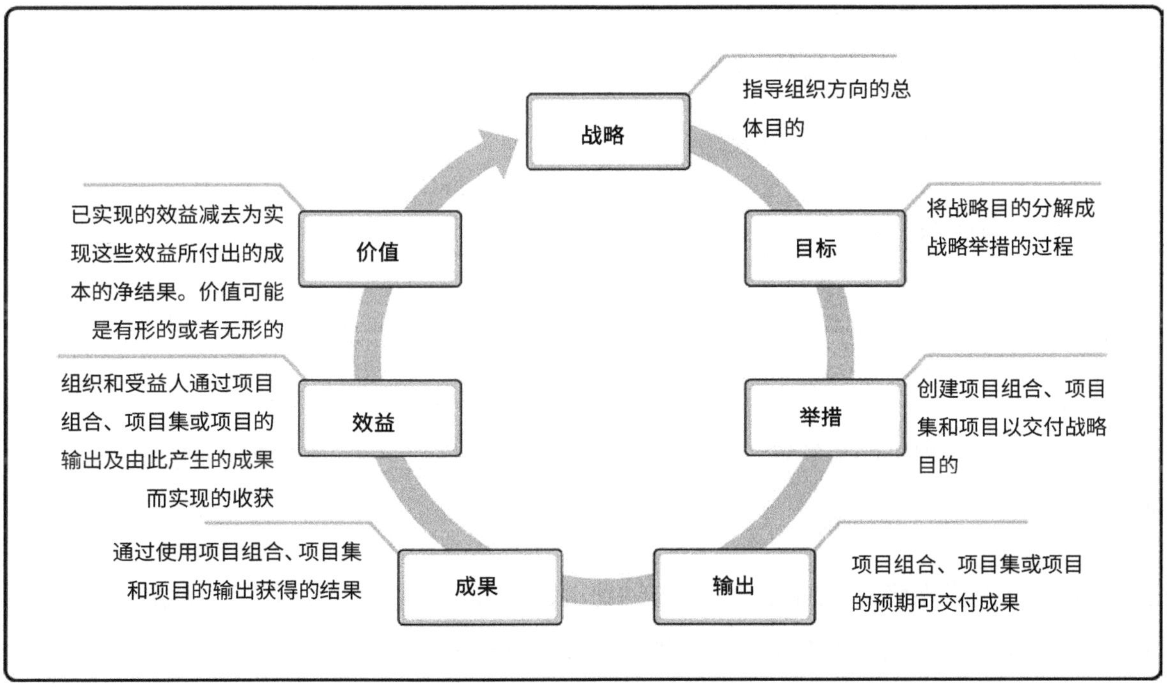

图 2-2 组织战略与 BRM 相连接

创建项目组合、项目集和项目是为了实现战略目的，并实现作为组织战略的一部分所寻求的相关效益。效益管理发生在整个组织的战略生命周期中。

与《PMBOK®指南》中概述的事业环境因素类似，外部驱动因素是组织控制范围之外影响决定组织战略或方向的因素。在 BRM 的背景下，外部驱动因素可以影响被视为与组织的总体战略相关的目的，因为它与交付计划的预期效益有关。外部驱动因素是制定组织战略的必要考虑因素，最终可能决定实现计划效益的可能性。

影响目的继而影响效益实现的外部驱动因素的一些示例包括：

- 竞争格局，例如，维持或创造竞争优势的目的。
- 创新，例如，技术进步以鼓励实用性的需要。
- 政治影响，例如，影响组织运作或竞争方式的政治格局变化。
- 客户需要，例如，需要更有效或自动化的做事方式。
- 经济，例如，组织所使用的商品价格的突然变化。
- 监管决策，例如，对显著改变经营方式的立法政策和意图的反应。
- 外部相关方和受益人的文化偏好。

2.2.1 连接商业战略与 BRM

在组织战略和项目组合层面，效益应与战略目的和组织目标紧密协调一致。如图 2-3 所示，组织可以寻求许多类型的效益，作为追求其战略目的和组织目标的一部分。

组织的效益管理实现战略为管理通过项目组合、项目集和项目输出来实现计划效益指明了高层级的方向。

组织制订的效益实现管理计划为组织的计划活动、时间表和实现一项或多项计划效益或一组相关效益的标准提供了书面说明。这为组织如何规划效益管理提供了广泛的视角。

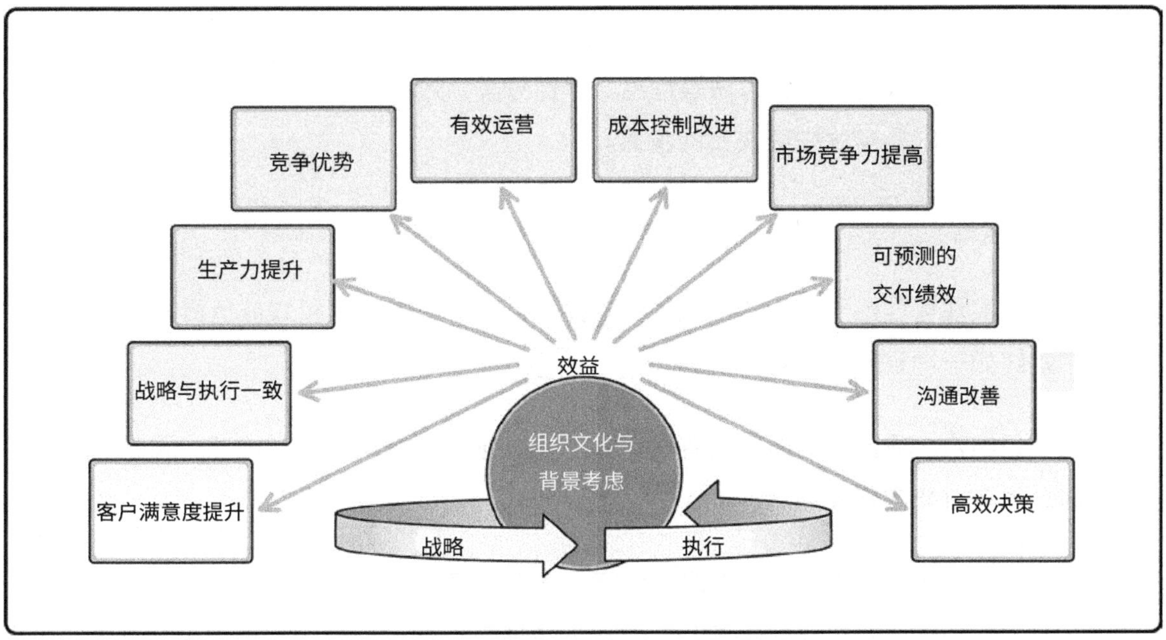

图 2-3　组织可能实现的效益示例

随着计划效益被识别并与其各自的组织目标和相关的项目组合、项目集或项目举措协调一致，效益地图、效益概况、效益登记册和效益跟踪矩阵等工具可用于进一步描述效益（参见第 3.5 节）。这些工具有助于捕获计划效益及其相关属性。这些工具还提供了一种方法，可以将效益追溯到战略目的和组织目标及旨在产生这些效益的其他计划举措。

2.2.2　组织目的作为驱动因素

组织目的包含了概述如何实现其自身的目标。该组织的战略方向和目的随后驱动了如图 2-2 所示的预期收获（效益）。

战略、目的和效益之间是相互关联的，应特别注意确保目的和计划效益保持一致。使用效益登记册和效益追踪矩阵可以促进这种一致性。

当组织考虑委托项目组合、项目集或项目时，各种因素（例如，战略匹配度和市场条件）会影响它们决定是否继续执行这些举措。计划效益应是是否继续执行一项举措的主要考虑因素之一。已实现的效益减去为实现这些效益而付出的成本的净结果（价值）应足以证明投资于该举措的合理性。

商业论证和效益实现管理计划是项目组合管理的输入，其包含计划效益、项目集和/或项目交付结构，以及用于测量和实现效益的建议方法等信息。效益分类、效益战略一致性和效益评估都是关于项目组合、项目集和项目的业务优先级决策的输入。

2.2.3 发起人和效益

成功采用效益实现管理始于组织的最高层，需要执行领导、发起人和效益负责人在所有举措的整个生命周期中始终如一地宣导其重要性。

普遍认为项目组合、项目集和项目若有发起人的积极领导和参与会更加成功。因此，当发起人积极参与举措时，更有可能实现效益。

发起人（如果不是效益负责人）可以成为执行、管理或领导团队的一部分，与效益负责人一起制定战略方向。作为实现结果的工作的一部分，在接下来项目组合、项目集和项目生命周期活动期间，发起人和效益负责人可以一起审查、添加或更新效益，并评估效益，例如：

- 指导委员会会议。
- 相关方审查。
- 项目组合、项目集和项目进度审查和状态报告。
- 经验教训以外或结合经验教训进行的效益实现分析。

2.3 BRM 的核心原则

在项目组合、项目集和项目管理这三个领域的背景下，有五项核心原则（第 2.3.1 至 2.3.5 节）应被视为 BRM 的指南。在进行 BRM 时，这些相同的原则也指导组织的其他部分。

这些原则没有特定的权重或顺序，在实施 BRM 时，每个都需要或多或少地加以考虑。这些原则旨在指导参与到 BRM 中的最高级别的执行领导、效益负责人、高级组织领导、其他相关方和计划效益的受益人，以及项目组合、项目集和项目经理及其团队的行为和思想。

2.3.1 净效益证明投入资源使用的合理性

为追求组织的战略目的和商业目标而进行投资，需要对项目组合、项目集或项目进行管理，投资成果带来效益。

这一原则的基本原理是净计划效益证明发起组织在某项工作上使用有价值资源的合理性。价值需要考虑效益及为实现效益所需的资源投入。

2.3.2 效益识别驱动工作开始

在工作开始之前需要明确识别在制定期间和输出交付之后的计划效益，应向所有交付相关方和受益人明确阐述这些效益。

这一原则的基本原理是，根据计划效益来交付预期价值，这提供了对所要进行工作的思考和决策的指导。应明确阐明从效益管理中获得的价值，以便所有决策者能够就最终实现计划效益的工作做出明智的决策。

2.3.3 从授权文件中识别计划效益

计划效益应由授权文件（商业论证、效益管理计划和项目组合/项目集/项目章程）中的组织、关键相关方和适当受益人进行评估、估算、核实和同意。监督和管理这些效益是项目组合、项目集和项目管理生命周期的一部分。

该原则的基本原理是有效评估、正式记录、监督和测量计划成果和效益。这使组织能够有效地监督实现这些计划效益的进展。

2.3.4 整体规划和管理效益实现

从组织需要与需求角度整体地考虑、规划和管理效益实现，而不仅限于项目组合、项目集或项目交付的需要与需求。

这一原则的基本原理是 BRM 从项目组合、项目集或项目领域扩展到整个企业。要使 BRM 取得成功，发起组织应以更广泛的整体视角进行总体规划。这减少了由于较狭隘地只关注通过项目组合、项目集或项目管理工作交付输出可能导致的缺点。整体的方法还包括考虑意外变更，将效益实现的机会和威胁与组织目的保持一致。

2.3.5 治理和充足的资源对 BRM 成功至关重要

BRM 需要充足的资源供给，在明确的治理结构内工作，负责管理和实现商定成果的人员被正确任命，并有责任和权利开展工作。

这一原则的基本原理是组织应投入资源和努力来实现和维持效益。此外，组织应在资源的适当水平上做投资。组织应提供清晰和充分的治理结构。它们应该授权给适当的个人并让他们对整体成功负责。

2.4 BRM 的关键成功驱动因素

关键成功驱动因素（Critical Success Enabler，CSE）是有助于提高组织工作效果和效率的能力。这些驱动因素通过鼓励组织领导者清楚地表达计划效益，同时为预期的成果做全面充分的考虑和准备以实现和维持这些效益，从而帮助提高 BRM 绩效。在建立这些驱动因素方面存在的缺点可能导致在实现组织所追求的效益方面的糟糕绩效。

具体而言，组织的项目组合、项目集和项目举措可能被视为成功（按时、按预算和在范围内），但计划效益可能尚未实现。如果是这种情况，则并未实现组织的战略和目标。在这种场景中，即使按要求实施了举措，仍然认为其输出是失败的。这导致按计划而言项目集或项目经理是成功的，但仍然认为他们要对未能实现客户/业主/发起人期望的计划效益的价值负责。这种类型和其他失败的原因有很多，但其中一个主要原因是组织未能提供关键驱动因素来帮助交付成功。因此，准确定义 CSE 的需要是成功管理效益实现的一个至关重要的贡献者。

在项目组合、项目集和项目举措中使用 CSE 可以直接提高组织实现预期结果和计划效益的能力。CSE 落实到位可以帮助组织有效地管理每个举措的轨迹和绩效。第 2.4.1 至 2.4.6 节概述了这些关键成功驱动因素的定义和用法。

2.4.1 建立明确的 BRM 角色和职责

BRM 成功的关键是需要指定的效益负责人或发起人及其他相关领导与组织的治理结构和 BRM 战略保持一致。这些角色有职责和最终责任领导 BRM 的整个生命周期，即管理效益从概念到实现和维持，表现为识别、执行和维持这三个通用阶段。其他高级领导可能负责帮助管理那些与达到和实现计划效益相关的变更，这对于确保总体项目组合、项目集和项目的成功至关重要。使用 RACI 图表或类似技术是明确识别关键角色的职责和最终责任的关键方式。这些角色需要对项目集、项目及如何交付战略一致性、目标和相关效益具有可见性和洞察力。拥有正确洞察力的效益负责人能以广泛的视角指导总体项目组合、项目集和项目更好地实现计划效益的战略意图。

BRM 有助于创建关于战略的可见性和洞察力，它强调项目集/项目输出与计划成果之间的偏差。这种洞察力为效益负责人提供了更正的机会，其中小的变化可以产生重大影响。BRM 还确保管理层可以做出决策，以支持那些直接连接战略的项目集和项目。效益负责人、发起人和其他高级领导者可以通过在相关项目组合、项目集和项目中强化最终责任及为积极的 BRM 行为做出表率以支持 BRM。

2.4.2 发展正确的 BRM 文化

每个组织通过在它们所委托的项目组合、项目集及项目中鼓励和加强采用 BRM 概念、术语和流程来获利。这使组织能够形成 BRM 文化，其中高管层、举措领导者、供应商、个人贡献者和相关方能够轻松识别和观察对每项举措的成功至关重要的预期成果、结果和效益。

BRM 文化的属性可能包括：

- ◆ 在每个商业论证、效益实现管理计划和其他启动工具（如章程）中正式纳入效益。
- ◆ 评估项目组合、项目集和项目以确保它们与战略性组织目的、目标和计划效益保持一致。
- ◆ 除任何相关的可预见风险及其与成功的关系外，聚焦于有形和无形的效益。
- ◆ 通过为发起的项目集和项目确定目标效益的高管，以及领导实现这些计划效益的经理的积极参与和职责共享，来建立适当的治理层级。
- ◆ 确保与效益实现相关的决策能有效、全面地解决问题。
- ◆ 鼓励举措领导者尽早提出并优先考虑影响效益实现的问题。
- ◆ 通过行为和言语表明组织文化如何对计划效益产生积极或消极影响的意识。

相反，有一些组织属性可能阻止 BRM 在组织内的成功实施，应避免和阻止这些属性，包括：

- ◆ 惩罚分享举措面临的真正困扰和问题的领导和团队成员。
- ◆ 只专注于按进度计划完成任务，却不管对成本、质量、效益、成果或结果的影响。
- ◆ 隐瞒重要信息致使含混不清或糟糕的沟通。

为了取得成功，领导者应该鼓励创建组织文化以激励并提高整个组织绩效的行为。对于高管、业务负责人和项目组合、项目集和项目领导者而言，BRM 是成功的关键驱动因素。

2.4.3 培养正确的技能

发展支持 BRM 的技能可以极大地提高成功的可能性并促进实现更多计划效益。BRM 涉及多种角色（参见第 2.2 节），根据其参与程度，可以分为四组技能：

- ◆ **治理角色**。治理角色包括高管、高级管理层、领导者和发起人。实施 BRM 相关的治理角色需要决策能力、领导力和商业头脑。除这些通常的高级管理技能外，还需要更多特定的技能使高级领导人能够：

- 设计和确认治理角色、职责和治理主体配置。
- 建立效益管理标准、要监督的度量指标，以及测量参数。
- 审查和批准效益实现管理计划。
- 评估和批准章程文件。
- 根据效益实现标准评估工作绩效并定期加以测量。
- 根据效益目标，监督、报告和发布进展状况以供组织各级审查。
- 识别并更改项目组合组件（例如，项目集、项目和运营）以实现并维持计划效益。

关于为项目组合、项目集和项目建立有效治理的其他指导可参见《项目组合、项目集和项目治理实践指南》。关于发展项目组合、项目集和项目经理能力的进一步指导可参见《项目经理能力发展框架》第 3 版。

◆ **相关方角色。**相关方角色包括中层管理者、运营管理者和/或效益负责人、发起人和受益人。这些角色由为寻求效益的客户，或者为实现效益而创建输出和成果所需的资源和能力的供应商所履行。这些相关方在 BRM 生命周期的识别阶段发挥着非常积极的作用，应该能够：

- 从自下而上的角度识别可以实现战略效益的举措。
- 了解物有所值的考虑因素，以确认效益概况。
- 协助价值/效益地图的开发、评估和批准。
- 确认效益测量基准和目标。
- 在整个举措执行期间学习并定期审查经验教训，为移交计划和经验教训审查提供输入。

◆ **管理角色。**管理角色包括效益、项目组合、项目集、项目和变革经理。这些角色负责管理其专业领域对整个 BRM 生命周期的总体效益的贡献。这些角色向治理角色报告，并与相关方和专家互动。

《项目经理能力发展框架》中定义的组织级项目管理能力适用于这些角色。

根据《组织管理变革实践指南》，成功的变革管理为组织提供了竞争优势。成功的变革管理（也称为组织变革管理）的一些关键成功因素是有效沟通、解决潜在阻力、团队协作及发起人的积极支持。

- **专家角色。**专家角色包括效益/商业分析。效益/商业分析技能包括：(a) 分析和解释复杂的组织数据；(b) 识别问题和机会；(c) 提供能产生效益的可能解决方案；(d) 开发仪表板、报告和演示文稿。除这些技能外，这些角色还需要出色的沟通技能，能够与各种领导角色、高级相关方，以及项目组合、项目集、项目和变革经理沟通并影响他们。更具体地说，从事效益/商业分析的专家应该能够：
  - 促进与治理、相关方和管理者的研讨会，以识别和选择效益并制定测量效益的具体措施和机制。
  - 创建效益跟踪矩阵或效益地图以展示计划效益与其支持成果、能力和举措之间的关系。
  - 根据商业论证和效益实现管理计划中这些举措的输出和成果，审查项目组合、项目集和项目章程，以确认其持续与业务需要和期望保持一致。
  - 定期评估运营/受益人是否实现了和效益地图中所描述相一致的，在商业论证、效益实现管理计划和举措章程中定义了的效益。
  - 支持项目组合、项目集、项目和变革经理，以确保所有计划、输出和成果与计划效益保持一致。

《PMI 商业分析指南》中提供了其他重要技能和专业知识的清单。

2.4.4 拥抱灵活性

擅长 BRM 的组织会拥抱灵活性，因为在动态和变化的环境中，很少有项目集或项目可以按原计划交付。这意味着 BRM 可能无法交付计划效益，或者在交付期限内期望会发生变化。随着交付环境的变化，所寻求的效益也可能需要改变/调整。

例如，在管理一个资产 价值项目/举措（如建筑项目）的效益时，计划的时限通常很长，并且受到外部环境经济的意外变化影响，这些都是参与实物交付的人无法控制的。效益登记册或地图中所记录的计划效益的原始清单可能发生变化，因此，清单需要改变并适应新形势。

2.4.5 加强治理和风险管理

所有由项目集和项目构成的项目组合都存在一定程度的风险。风险可以是从仅影响给定项目集或项目的离散风险到可能影响项目组合和组织本身的总体风险。一个组织为交付所寻求的效益而进行的努力也可能给组织或其他受益人带来负面效益。（关于负面效益的讨论见第 3.5.3 节。）识别关键风险和适当的治理结构对于确保项目集和项目的交付保持可靠、适当和有用从而为受益人实现计划效益是至关重要的。一旦项目集或项目结束，要更新相关风险登记册，并将任何残余风险转移到治理结构中的下一个更高级别，以便进一步监督或跟进。

BRM 可以嵌入现有的治理结构中，用于可能已存在的项目组合、项目集和项目。当 BRM 尚未嵌入这些治理结构时，应采取措施确保 BRM 成为项目组合、项目集和项目治理的一部分。这是确保效益和价值不断被实现并与组织整体战略保持一致的关键。BRM 提供必要的监督和管理机制，以跟踪实际实现的效益。治理结构还需要提供一种方法，确保在项目集和项目完成后维持效益。这些结构还应确保有足够的 BRM 度量指标来监督有形和无形的效益，这些效益被视为正在进行中的项目组合、项目集和项目治理的一个组成部分。

2.4.6 建立效益跟踪

效益跟踪需要识别有效的 BRM 度量指标用于有效的管理和领导。除受益人的效益外，效益跟踪对于实现项目组合、项目集和项目的输出和成果至关重要。BRM 度量指标（如适用）需要用于测量有形和无形效益。这允许跟踪效益实现的进展。BRM 度量指标不需要是精确或整体的，但它们应被认为是能洞察趋势并允许对成功实现进行一定程度预测的基本条件。这种预测可显示成果，并在必要时可帮助改进项目组合、项目集和项目以有助于确保实现效益。

应尽早落实一套适当的、可测量的、可理解的 BRM 度量指标以支持适当的监督。对效益及在效益实现之前、期间和之后所产生的相关价值的测量对于成功的 BRM 至关重要。

2.5 组织级 BRM 角色和职责

BRM 角色和职责包括许多与项目组合、项目集和项目管理相关的角色和职责，并包括专门针对效益管理活动的组织角色。这些角色和职责适用于整个 BRM 生命周期。个人也可能有包括 BRM 职责的运营或项目组合、项目集和项目角色。例如，高级经理可能要负责源自其部门的项目集和项目的效益实现管理。项目组合经理可能要负责项目组合的效益实现。商业分析师可能要负责效益跟踪和测量。根据组织或业务环境的大小和类型，个人可以履行多个效益管理角色和职责。使用责任分配矩阵（Responsibility Assignment Matrices，RAM）或 RACI 图表有助于确保与效益相关的角色和职责的明确性。图 2-4 概述了如何在组织中看待这些角色。

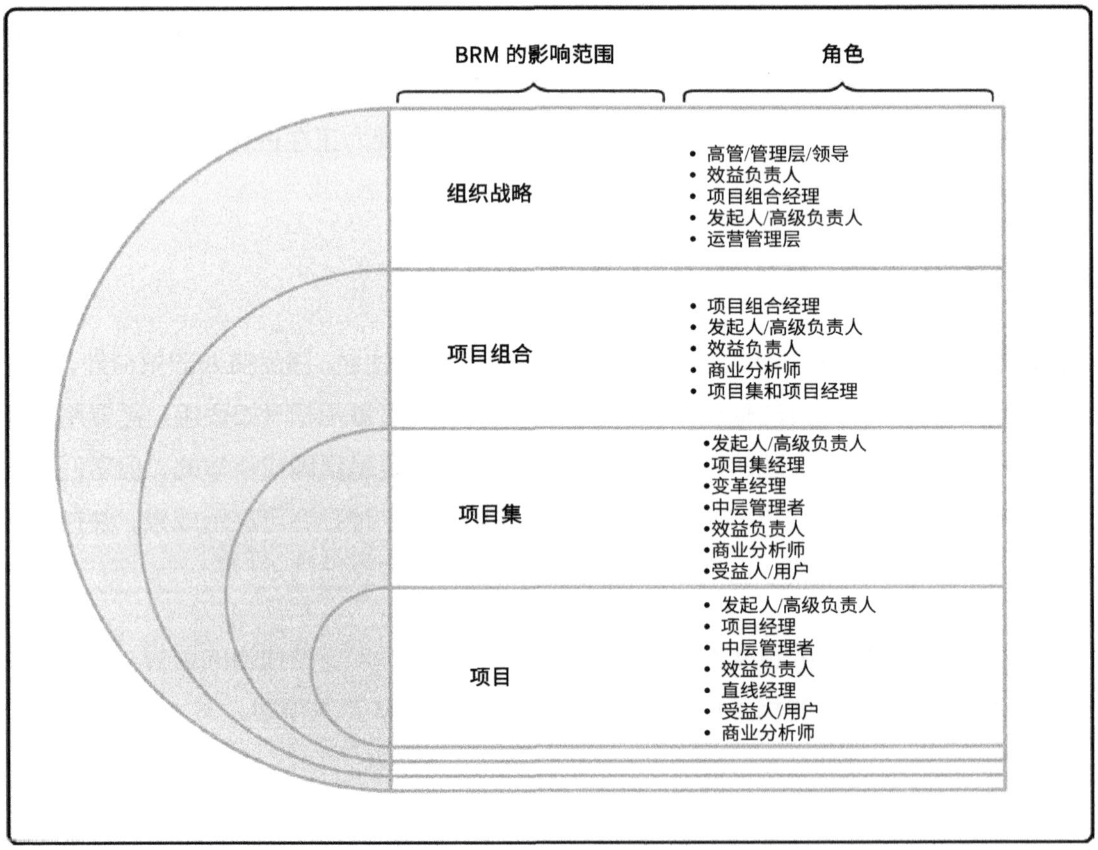

图 2-4 BRM 的影响范围和角色

2.5.1 组织战略和发起人

通过组织效益实现管理战略的创建、定义和执行，在项目组合、项目集或项目开始时确定效益。BRM 战略是组织的高层级方向，用来管理通过项目组合、项目集和项目而实现的计划效益，项目输出及由此产生的成果。这是由领导团队设定的，例如，任何组织（非营利组织、私人组织、公共组织、政府组织等）的高管和管理层。实施项目集管理办公室或企业项目集管理办公室的组织，通常在帮助确定组织的效益实现战略方面发挥关键角色。表 2-1 识别了组织战略层面的 BRM 角色和职责。

表 2-1　BRM 中典型的组织战略角色和职责

角　色	描述和职责
高管/管理层/领导	• 描述：负责组织战略目的和目标的个人或群体 • 定义每个举措的战略目的、目标和效益 • 建立、沟通和积极支持组织战略及战略效益 • 批准组织的 BRM 政策和实践 • 识别支持达成战略目的和目标的举措 • 与高级管理层/领导团队开会审查为执行战略和实现效益所开展的举措的状态
效益负责人	• 描述：负责效益实现的个人或群体 • 与高管/管理层/领导密切合作以识别、跟踪及记录与发起组织的战略目的和目标相一致的效益 • 确保计划效益的测量方法到位，并评估在交付的全过程中发生的事件 • 确保根据效益实现管理计划实现和维持计划效益 • 可能也会担任发起人或运营经理的角色
项目组合经理	• 描述：执行组织委任以建立、平衡、监督和控制项目组合组件，从而帮助实现战略商业目标的个人或群体 • 管理项目组合组件以实现与他们所管理的项目组合一致的战略商业目标和相关的效益 • 与高管/管理层/领导团队沟通交流以记录战略并将其分解成支持它的商业论证
发起人/高级负责人	• 描述：为项目组合、项目集或项目提供资源和支持且负责成功实现的个人或群体 • 确保项目组合、项目集和项目达成目标以实现计划效益 • 为组织所执行的项目组合、项目集和项目提供资源和支持以帮助效益得以成功实现 • 确保中层管理者、效益负责人和受益人的参与以支持结果 • 确保中层管理者、效益负责人和受益人的参与以推动承担职责和最终责任 • 可能也担任效益负责人的角色
中层（职能）管理者	• 描述：负责组织日常的经营活动及将维持和促进实现的效益的活动纳入日常业务中的群体 • 与高管/管理层/领导密切合作以识别和实施效益维持的活动，从而将实现的效益纳入日常运营中及适当的组织外部中 • 可能也担任效益负责人的角色

2.5.2 项目组合角色和 BRM

项目组合是为实现战略目标而组合在一起管理的项目、项目集、子项目组合和运营的集合。在项目组合中，计划效益倾向于高层级的陈述，涉及多个商业目标，并适用于整个由项目集和项目构成的项目组合。效益是通过项目组合、项目集和项目输出所带来的成果所实现的。这些成果带来了组织所实现的效益及最终所追求的价值。与项目组合相关的高层级效益可以包含为实现任何给定的更高层级效益所需的更多支持性效益。例如，提高的客户满意度会考虑正常适用于项目集层面的效益，如报告停机故障的减少和人工劳动的降低。然而，组织所寻求的价值水平可能取自项目组合中几个组件的成果和实现的效益。

项目组合管理结构天生适合 BRM。计划需要包括并纳入共同的、互补的和支持性的政策和实践。

表 2-2 列出了从项目组合角度推导和实现效益相关的角色。这些是指南——角色和职责可以结合起来，以满足组织的需要。

表 2-2　BRM 中典型的项目组合角色和职责

角　色	描述和职责
项目组合经理	• 描述：为实现战略业务目的，执行组织委任以建立、平衡、监督和控制组件的个人和群体 • 监管项目组合并确保效益实现 • 与效益负责人合作为他们所管理的项目组合的计划效益建立效益测量 • 制定商业论证以证明举措的合理性，概述效益和价值
发起人/高级负责人	• 描述：为项目组合、项目集或项目提供资源和支持且负责成功实现的个人或群体 • 为项目组合和实现计划效益指明方向 • 为组织所执行的项目组合、项目集和项目提供资源和支持以帮助效益得以成功实现 • 确保中层管理者、效益负责人和受益人的参与以支持结果 • 确保中层管理者、效益负责人和受益人的参与以推动承担职责和最终责任 • 可能也担任效益负责人的角色
效益负责人	• 描述：负责效益实现的个人和群体 • 与项目组合经理密切合作以确保计划效益被管理 • 确保计划效益的测量方法到位，并评估在交付的全过程中发生的事件 • 管理效益实现管理计划 • 可能也担任发起人的角色
商业分析师	• 描述：开展活动以支持与商业目标一致的解决方案的交付和为组织持续提供价值的个人和群体 • 为实现组织的战略目的，与项目组合经理合作为项目集和项目制定章程以创造可以实现所寻求效益的成果
项目集和项目经理	• 描述：详见项目集和项目角色和职责里面的描述 • 为实现组织的战略目的和目标，与项目组合经理合作为项目集和项目制定章程以创造输出，该输出带来可以实现所寻求效益的成果

2.5.3 项目集角色和 BRM

项目集是一组相互关联且被协调管理的项目、子项目集和项目集活动，以便获得分别管理所无法获得的效益。组织战略和组合战略某种程度上是为了指导组织而制定的，项目集和项目则是产生输出的手段，输出产生的成果可以用来实现效益。

项目集应保持对效益实现管理计划和效益登记册的更新，以便组件项目交付过程中的任何变更都反映在计划和登记册中，登记册是记录效益概况的储存库。任何可能妨碍实现计划效益的项目集风险都应添加到风险管理登记册和计划中。

表 2-3 列出了在项目集层面与 BRM 相关的角色和职责。

表 2-3 BRM 中典型的项目集角色和职责

角 色	描述和职责
发起人/高级负责人	• 描述：为项目组合、项目集或项目提供资源和支持且负责成功实现的个人或群体 • 委托项目集 • 确保项目或项目集达成支持计划效益的目标 • 为项目集及其计划效益指明方向 • 确保中层管理者、效益负责人和受益人的参与以支持结果 • 可能也担任效益负责人的角色
项目集经理	• 描述：执行组织授权的领导团队负责实现项目集目标的个人或群体 • 确保总体项目集结构和运用的项目集管理过程能使项目集及其组件团队成功完成支持实现计划效益的工作或输出 • 整合项目集组件的输出到项目集的终端产品、服务或结果中，从而让受益人实现计划效益 • 与效益负责人合作为他们所管理的项目集的计划效益建立效益测量
变革经理	• 描述：负责确保变革以结构化的和计划的方式引进组织的个人或群体 • 向所有相关方解释变革举措的效益并运用组织变革管理技术确保理解 • 向项目集经理提供关于积极或消极的潜在影响的洞察，这可能影响效益实现
中层（职能）管理者	• 描述：负责组织日常的经营活动，以及将维持和促进实现效益的活动纳入日常业务中的群体 • 与项目集和变革管理者合作将效益信息传达给运营团队 • 升级效益相关的风险到项目集经理和发起人 • 监管变更并参与输出的所有权移交
效益负责人	• 描述：负责效益实现的个人或群体 • 与项目集经理密切合作以确保计划效益被管理，并在项目集工期内识别任何新的效益或负面效益 • 确保计划效益的测量方法到位，并评估在交付的全过程中发生的事件 • 管理效益实现管理计划 （通常在项目集完成后） • 可能也担任发起人或运营经理
商业分析师	• 描述：开展活动以支持与商业目标一致的方案的交付和为组织持续提供价值的个人或群体 • 与项目集经理合作确认商业论证、进行情景规划、确定效益实现管理计划得到普遍认可、支持项目集管理计划并帮助确保效益实现
受益人/用户	• 描述：指定的从计划和实现的效益中获益的个人或组织 • 与发起人、效益负责人、项目集经理、项目团队和其他合适的人沟通交流以帮助优化效益实现

2.5.4 项目角色和 BRM

项目是为创造独特的产品、服务或结果而进行的临时性工作，效益通常通过这些产品、服务或结果的使用或成果来实现。

表 2-4 列出了项目层面上与 BRM 相关的角色和职责。

表 2-4 BRM 中典型的项目角色和职责

角 色	描述和职责
发起人/高级负责人	• 描述：为项目组合、项目集或项目提供资源和支持且负责成功实现的个人或群体 • 委托项目 • 确保项目或项目集达成目标并交付计划效益 • 为项目的输出如何贡献计划效益指明方向 • 确保中层管理者、效益负责人和受益人的参与以支持结果 • 可能也担任效益负责人的角色
项目经理	• 描述：执行组织委派的带领团队负责实现项目目标的个人或群体 • 监管项目并确保输出支持实现计划效益的可交付成果 • 与效益负责人合作为他们所管理的项目集的计划效益建立效益测量
中层（职能）管理者	• 描述：负责组织日常的经营活动及将维持和促进实现效益的活动纳入日常业务中的群体 • 与项目经理合作将效益信息传达给运营团队 • 效益风险升级到项目经理和/或发起人 • 监管变更并参与输出的所有权移交
效益负责人	• 描述：负责效益实现的个人和群体 • 与项目经理密切合作以确保管理计划效益并在项目工期内识别任何新的效益或负面效益 • 管理效益实现管理计划 • 确保计划效益的测量方法落实到位，并评估在交付的全过程中发生的事件 • 负责效益实现（通常在项目完成后） • 可能也担任发起人或运营经理
受益人/用户	• 描述：指定的从计划和实现的效益中获益的个人或组织 • 与发起人、效益负责人、项目团队和其他合适的人沟通交流以帮助优化效益实现
商业分析师	• 描述：开展活动以支持与商业目标一致的方案的交付和为组织持续提供价值的个人或群体 • 启发并管理需求以实现项目可交付成果，包括效益的测量和实现 • 协助移交输出的所有权给受益人并适当地促进实现计划成果和效益

第 3 章

BRM 框架

BRM 框架是一套综合的治理和管理实践，旨在定义、开发、交付和维持从项目组合、项目集和项目的输出中获得的计划效益。它包括生命周期结构，具有相关角色和职责的关键活动，并描述了它们的总体关系。该框架的 BRM 生命周期的组成部分表现为识别、执行和维持这三个阶段。

使用框架可以帮助组织专注于实施项目和项目集的理由，即实现通过它们的输出而创造的效益实现。该框架旨在为从业者提供指导，并适用于其所在的组织。支持这种通用 BRM 框架的假设包括：

- 组织拥有 BRM 框架，该框架与其战略规划、目的设定和相关举措的整体方法一致地反映其 BRM 战略。
- BRM 框架呼应了组织的价值导向思维。
- BRM 框架支持并指导从概念到实现和维持的效益的开发。
- 运营和其他内部/外部受益人和相关方可以实现效益。
- 效益负责人拥有实现效益的职权、职责和最终责任。
- 项目组合、项目集和项目经理在整个 BRM 生命周期中具有明确划分的特定角色和职责。
- BRM 框架支持通过项目组合、项目集和项目的输出而创造的各种类型的效益。它还应该允许在任何给定时间实现多重效益的事实。
- 在 BRM 框架的生命周期阶段内相关的活动可能是抑或不是顺序过程的。

- ◆ BRM 框架及其生命周期是可扩展的，可以适应组织现有的与效益管理相关的活动，包括项目组合、项目集和项目管理生命周期。
- ◆ 效益一旦实现，效益负责人和适当的受益人及其他相关方的正确监督可以保持（或调整）效益。
- ◆ BRM 框架的有效性取决于及时、透明的沟通，并致力于通过吸取经验教训而不断改进。

图 3-1 是一个组织模型，从业者可以原样复制或为组织的特定应用进行剪裁。

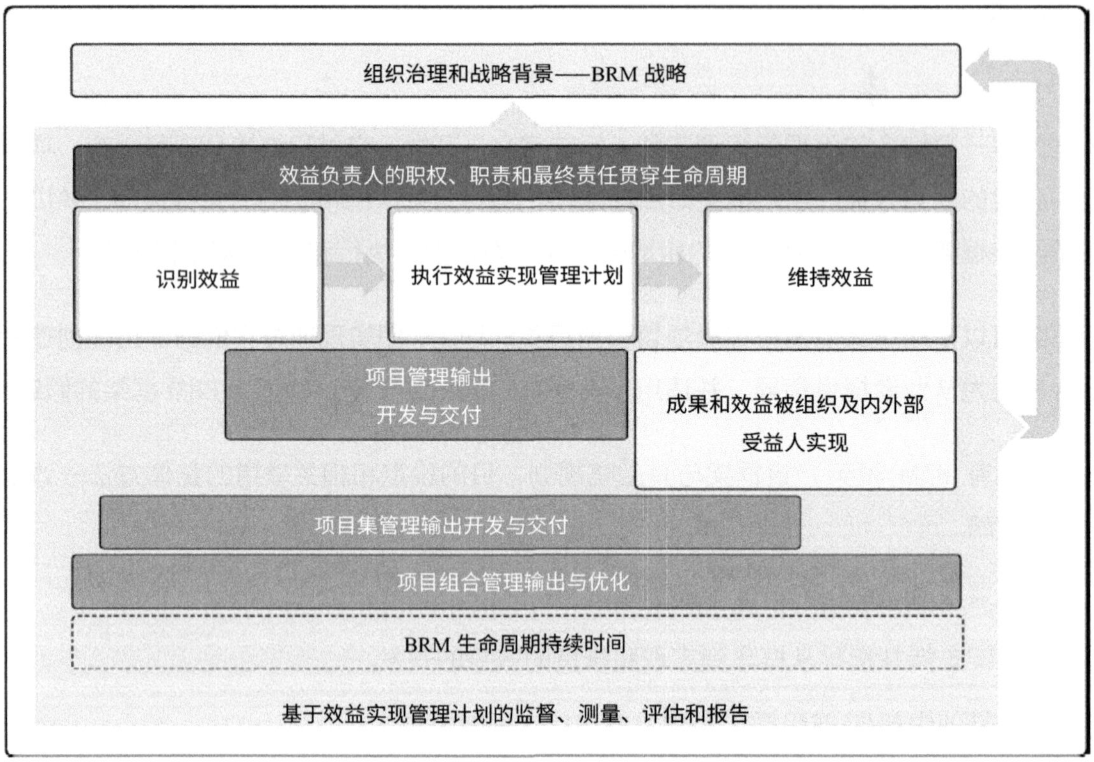

图 3-1　项目组合、项目集和项目背景中的 BRM 框架

3.1 概述

《PMI 思想领导力系列——效益实现管理框架》定义了 BRM 生命周期的三个主要时期，现在称之为阶段：识别、执行和维持。

- 识别。该组织的领导定义通过项目集和项目的组合的输出打算创造的效益。
- 执行。在此阶段完成项目组合、项目集和项目的工作，以创造带来预期成果和效益实现的输出（计划的可交付成果）。
- 维持。效益负责人和受益人（可能是同一个人或组织）实现计划效益。这个阶段也可以在某些情况下调整效益。

BRM 框架无意产生另一个单独的管理功能，组织将其整合到现有的治理和总体管理结构中。

执行领导团队应充分定义和批准哪些类型的项目集和项目属于 BRM 框架，并决定谁或哪个小组对框架及其生命周期的整体可行性拥有职权和职责。这对组织的 BRM 战略至关重要。

第 3.2 至第 3.4 节进一步描述了该框架的生命周期阶段。

3.2 识别阶段

在这个阶段，组织的执行领导决定要追求什么样的效益，以及项目组合、项目集和项目是不是实现战略目标及其相关效益的最佳途径，然后定义和安排计划效益。每项效益都应有指定的责任人。

效益的想法来自许多方面。通常，战略规划研讨会、年度预算规划、效益映射更新和相关方洞察会识别潜在效益，紧随其后的是这些潜在效益的质化和量化。量化包括预测或估计预期通过项目集和项目的组合实现的效益规模。

3.2.1 制订商业论证和效益实现管理计划

在组织的治理、管理结构和授权下，指定的个人或由个人组成的小组评估并提出潜在的工作及与 BRM 战略一致的相关效益。

无论组织使用何种方式来构思和评估要实现的机会、目的和相关效益，它还应包括每项效益的效益实现计划。该计划是独立的，但应与商业论证一致。在两者之间，解决了以下有关效益的问题：

- 效益是否符合组织的战略目的及其相关目标？
- 它们是有形或无形的效益，还是商业论证中明确定义的短期或长期效益？
- 是否已确定相关风险，包括潜在的负面效益，以便进行管理？
- 商业论证是否概述了如何测量效益及预测何时交付？
- 对效益的测量是否需要在商业论证中包含新的输出或活动？
- 所有项目或项目集的效益是否都有充分的文件记录？
- 关键相关方是否已签署每项效益实现计划？
- 治理因素如何纳入效益实现计划，包括相关的验收标准？
- 项目选择和/或资金决策是否基于计划效益的影响？
- 是否与效益责任人和受益人进行了磋商和确认？

3.2.2 授权章程

每个组织都应该有自己的商业论证和效益实现管理计划标准。效益实现管理计划的一般概念如图 3-2 所示。

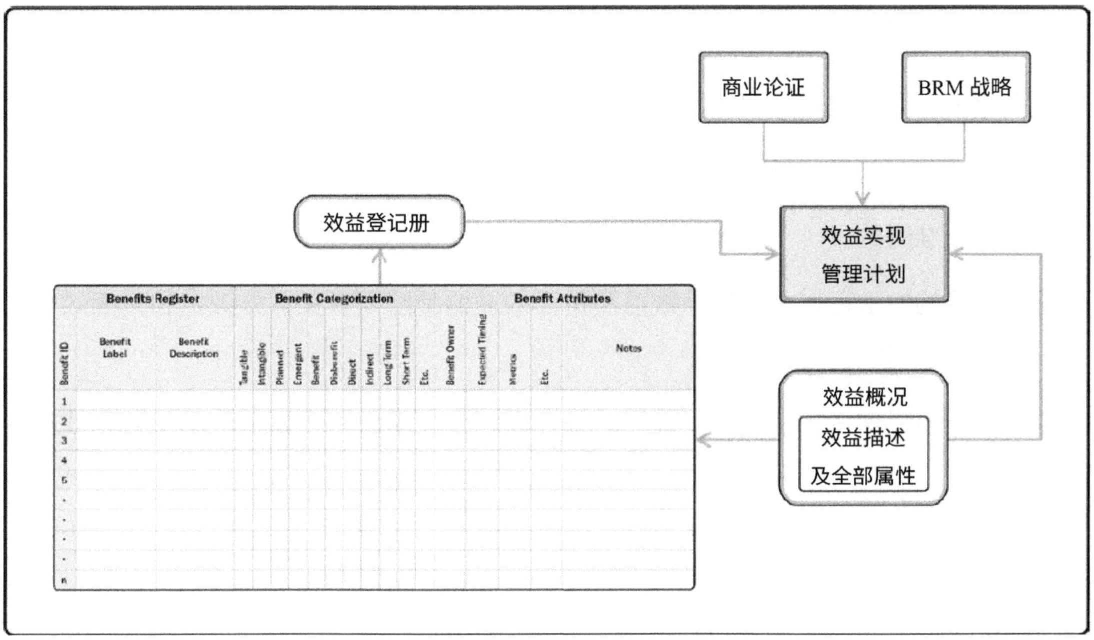

图 3-2　效益实现管理计划的一般概念

有关效益实现管理计划要素的其他信息，请参阅第 3.5.2 节。

先是商业论证和效益实现计划得到授权，然后一份章程启动了适当的项目组合、项目集和项目工作。此时，委派的效益负责人在整个 BRM 生命周期中承担全部领导职责和最终责任，以实现每项效益。

3.3　执行阶段

在此阶段，项目组合、项目集和/或项目开始技术和管理规划，以创造输出——产品、服务和能力，这些将带来受益人用以实现计划效益的成果。

效益负责人有责任确保：

- 与关键相关方清晰地沟通了计划效益。
- 项目集或项目团队了解其输出如何对计划效益做出贡献。
- 进度审查是准时的。
- 有一种明确的方法可以发现意外效益及负面效益的威胁（有关意外效益和负面效益的讨论，请参阅第 3.5.3 节）。
- 该项目集或项目保持相关性、一致性，并在面对突发事件时可以创造用于计划效益的输出。

3.3.1 开发输出

对于每个有关的项目集和项目，这是技术工作生产输出，最终实现计划效益的阶段。效益负责人与项目组合、项目集经理和项目经理进行协调，以优化并最终实现计划效益：

- 使用阶段关口或类似指定的审查，以确保项目集和项目与组织的战略目标保持一致。
- 评估风险和关键绩效指标（Key Performance Indicator，KPI），以实现稳定的效益交付。
- 记录进展情况并告知关键相关方。
- 确保将计划效益实现的依赖关系、组件和管理结构合并到适当的治理流程中。
- 确保关键相关方和受益人审查和理解了计划效益的实现管理计划的依赖关系，并根据其采取行动。
- 了解效益的影响，以加强控制并降低风险。
- 使用适当的沟通和相关方参与流程。

3.3.2 交付输出和移交输出所有权以实现效益

效益负责人需要与适当的项目组合、项目集或项目经理合作，以确保受益人得到适当参与和介绍，以实现计划效益。这还包括维持效益的计划。为了使受益组织效益中业已实现的效益具有可持续性，负责效益交付的效益负责人和运营经理将取得输出的所有权。这需要使与实现的效益相关的组织变革成为组织日常业务的一部分。

3.4 维持阶段

这一阶段聚焦于验收和使用能够创造成果以实现效益的输出。效益维持这一被效益负责人和受益人持续开展的活动，确保通过项目组合、项目集和项目的输出实现的成果和效益得到延续。效益负责人、受益人和商业分析师，而不是项目集或项目经理，通常关注这一阶段。他们可能需要解决的问题包括：

◆ 是否跟踪（有形、无形、短期和/或长期的）效益?

◆ 输出是否已经移交并被关键相关方（受益人）批准，包括对此负责的运营或业务负责人?

◆ 是否根据适用的计划测量和验证了已实现的效益?

◆ 是否在效益实现管理计划的时间范围内实现了效益?

◆ 是否已识别了意外效益和负面效益，如果是，是否妥善管理?

3.4.1 实现–维持效益

受益人使用项目组合、项目集和项目的输出来创造预期成果，然后开始实现效益。效益的实现可以是立即的，也可以是增量的，具体取决于效益的类型及其成功度量指标。当效益按计划实现时，监督应有助于确保其在适当时得到维持。支持效益维持的做法包括：

◆ 受益人在必要时规划运营、财务和行为变革，以继续检查效益绩效。

◆ 进行审计以核实已实现的效益。

◆ 通过持续的知识共享促进持续改进，包括效益对组织成功的贡献。

◆ 为可能启动新的项目集或项目以应对运营问题或需要改进产品性能或功能而开发商业论证。

◆ 监督新功能或其他变更因素的持续适用性。

3.4.2 调整效益

根据效益的类型，无论是内部还是外部实现，都可能需要对其进行调整。当不符合计划效益的全部意图时，修改或替代效益可能是一种选择。例如，当技术进步触发新（不同）效益的可用性时，就会发生这种情况。当原始效益实现后，由于政治或监管变化而使效益成为负面效益，也会发生这种情况。

3.5 BRM 整个生命周期的支持实践

本节确定了每个生命周期阶段关键参与者之间的重要互动。它还描述了用于分类、测量和跟踪与效益相关的需求的工具和普遍接受的做法。

3.5.1 关键互动

关键互动在于：

◆ 识别阶段。效益负责人与项目组合或项目集经理合作开发商业论证、效益实现管理计划和章程。如果项目产生效益，项目经理也应该参与其中。商业分析师与效益负责人互动，并与组织实践相一致。
项目组合、项目集或项目经理的参与程度取决于组织的文化和所涉及的项目集或项目类型。在某些情况下，可能涉及企业项目管理办公室。通常，在批准商业论证和效益实现管理计划后，项目组合经理会将适当的信息合并到系统中。
经与关键相关方协调，效益负责人批准、分配和启动整个生命周期中效益进展的监督、测量、评估和报告。

◆ 执行阶段。项目组合和项目集经理与效益负责人沟通计划效益的状态和进展。效益负责人让项目组合和项目集经理及时了解可能影响效益实现管理计划实施的环境和战略变化。当项目经理直接参与而不是作为项目集的一部分时，也可能出现类似的活动。
效益负责人应确保开展计划好的监督、测量、评估和进展报告，出现偏差可能就需要调整这些活动中的任何一个。效益负责人和/或发起人的主要挑战是优化效益，并在有保证的情况下，修改或取消效益实现管理计划。

- 维持阶段。在此阶段，效益负责人主要负责监督与受益人和其他相关方的沟通。这涉及按照初始效益实现管理计划继续监督、测量、评估和报告。项目组合经理要比项目集或项目经理参与得更多。这取决于诸如组织的 BRM 战略、效益类型、内部还是外部，以及组织中的战略转型等因素。

  如果有必要调整或替代某项效益，效益负责人将修改效益实现管理计划，或者在识别阶段引入新效益。

3.5.2 BRM 主要的支持工具

BRM 中使用的常用工具主要在识别阶段完成准备。下述可单独使用的工具的概述基本构成了每项已识别和已授权效益的效益管理计划：

- 效益量化。有几种效益量化技术，如基于证据的预测或参考类预测。效益预测的通用方法包括：(a) 评估用于期望的未来状态的当前绩效目标状态；(b) 制定监督朝目标进展的程序；(c) 确定负责监督和评估效益的责任人。
- 效益实现管理计划。通常，每项效益都有自己的计划，其中应包括以下主题：
  - 效益负责人和受益人的联系信息。
  - 将计划效益映射到适当的组件。
  - 描述每项效益如何被测量和被认为已实现。
  - 评估效益成就的关键绩效指标和阈值。
  - 风险评估和实现每项效益的可能性。
  - 状态或进展指标。
  - 效益实现的目标日期和里程碑。
  - 负责交付每项效益的个人、群体或组织。
  - 记录和向相关方汇报效益状况所需的跟踪和沟通过程。

- 效益概况。效益概况是对效益、预期受益人及实现标准的描述。完成每项预期效益的概况有助于分析计划效益。基本的效益概况描述了：
  - 效益是什么。
  - 效益的类别。
  - 效益的受益者是谁。
  - 效益的预期时间。
  - 用于测量进展并确定效益实现的标准。

这样的概况成为效益登记册的一部分，并支持效益实现管理计划。随着开发的进展，更多的信息将添加到档案文件中。图 3-3 显示了一个效益概况示例。

效益概况

本概况用于定义对一项效益的属性及测量的理解。

<table>
<tr><td colspan="2">举措名称：</td><td>效益 ID：</td></tr>
<tr><td colspan="3">效益名称/标签：</td></tr>
<tr><td colspan="3">效益描述：</td></tr>
<tr><td colspan="3">效益类别（例如，有形的/无形的、负面效益、计划的/意外的、财务的/非财务的等）</td></tr>
<tr><td colspan="3">组织目的/目标：</td></tr>
<tr><td colspan="2">效益负责人：</td><td>关键相关方：</td></tr>
<tr><td colspan="3">依赖关系：</td></tr>
<tr><td colspan="3">风险：</td></tr>
<tr><td colspan="3">假设条件：</td></tr>
<tr><td colspan="3">度量指标描述：</td></tr>
<tr><td>开始日期：</td><td>结束日期：</td><td>资源：</td></tr>
<tr><td>执行经理：</td><td>汇报频度：</td><td>目标价值：</td></tr>
</table>

图 3-3　效益概况示例

◆ 效益登记册。这是一个记录效益概况的存储库。该登记册可以在组织的不同层面以汇总方式使用，以满足组织的需要。例如，一个项目集可能拥有一个存储库，用于管理所有的效益。项目组合可能包含代表多个项目集的实际的或汇总的列表。图 3-4 展示了一个效益登记册示例。

效益登记册			效益类别											效益属性				
效益ID	效益标签	效益描述	有形的	无形的	计划的	意外的	有益的	无益的	直接的	间接的	长期的	短期的	…	效益负责人	期望时间	度量指标	…	备注
1																		
2																		
3																		
4																		
5																		
·																		
·																		
·																		
·																		
n																		

图 3-4　效益登记册示例

◆ 效益地图。效益地图是实现效益所需的主要要素关系的图形表现形式。效益地图就像登记册，可以扩展到组织、项目组合、项目集或项目的使用级别。它可以是单一的效益，也可以是多重效益。效益地图可以包括输出、驱动因素、变更、成果、效益、负面效益、战略驱动因素和目标。有时也会显示依赖关系。图 3-5 展示了一个典型的效益地图。

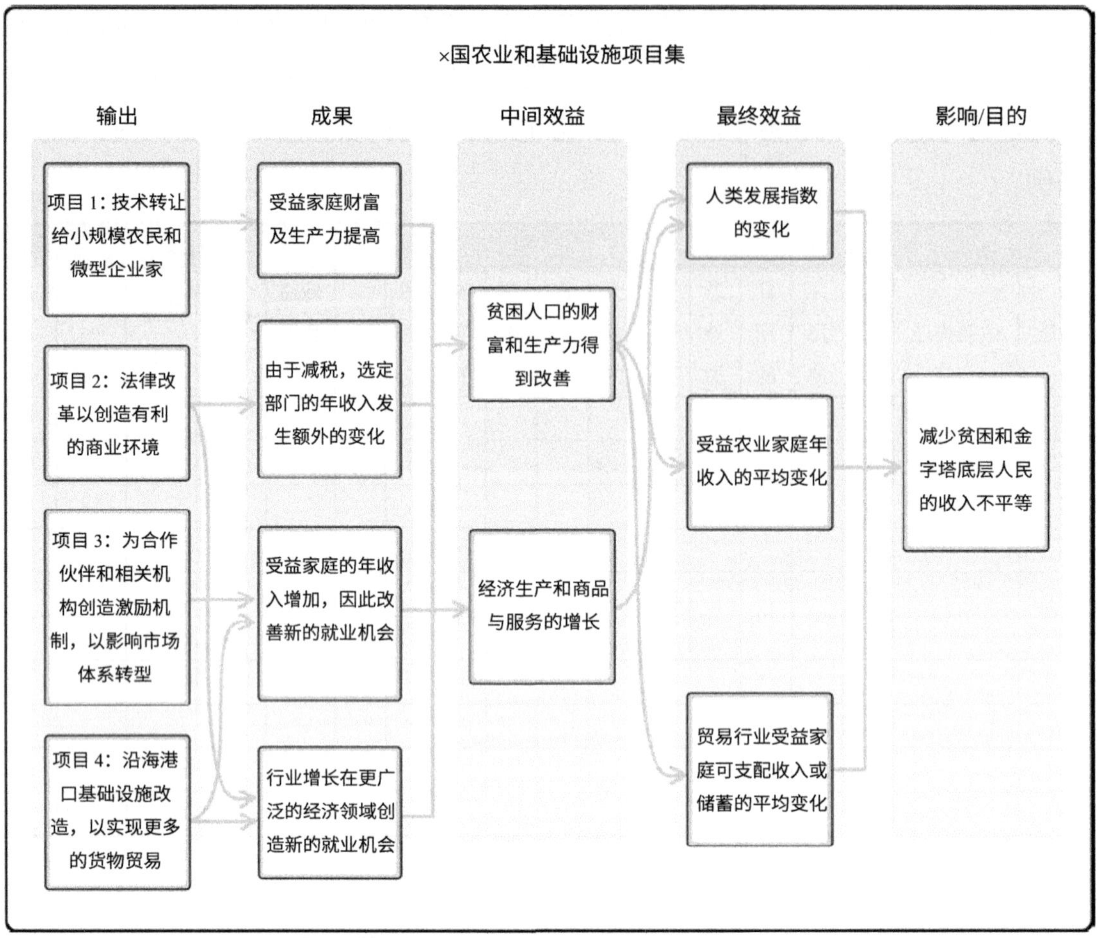

图 3-5　效益地图示例

- 效益跟踪矩阵。效益跟踪矩阵是将计划效益映射到项目组合、项目集和项目的输出的网格。效益跟踪矩阵是效益实现管理计划的一个组成部分，可以作为效益登记册的补充。与效益登记册和效益地图一样，可以对效益跟踪矩阵进行扩展以适应组织的 BRM 需求。图 3-6 展示了一个效益跟踪矩阵示例。

	可交付成果																	
	项目组合 A										项目组合 *n*							
	项目集 A			项目 B				项目 C			项目集 *n*			项目 *n*				
效益	可交付成果 A1	可交付成果 A2	可交付成果 A3	可交付成果 B1	可交付成果 B2	可交付成果 B3	可交付成果 B4	可交付成果 C1	可交付成果 C2	可交付成果 C3	⋮	⋮	⋮	⋮	⋮	⋮	可交付成果 *n*	备注
效益 1																		
效益 2																		
效益 3																		
·																		
·																		
·																		
·																		
·																		
·																		
效益 *n*																		

图 3-6　效益跟踪矩阵示例

3.5.3　效益分类

在追求效益时，组织面临各种挑战。对这些效益进行分类不仅有助于识别和分组这些效益，还可以指导组织如何有效地管理其实现。

其中一个主要挑战是要能够与所有相关方进行良好沟通：正在寻求哪些效益及为什么，效益类别，效益之间可能如何相互关联或无关或实现。改善沟通和理解效益的一种方法是制订经批准的普遍接受的类别分类方案。

确定和传达效益类别有助于组织识别适当的措施，以跟踪实现和维持效益的进展。效益类别是特定效益的效益概况的重要组成部分，通常在效益登记册中记录。

没有标准的效益分类方案。每个组织都需要定义并商定对成功实现而言至关重要的效益类别。

3.5.3.1 常见的效益分类

效益类别是效益级别的分类。以下效益类别是常用的例子。

- 有形的或无形的效益：
  - 有形的。有形效益是能根据证据客观地进行测量的效益。有形效益的一个例子是直接降低成本。组织可以进行工作改善以降低与提供给定功能相关的成本。
  - 无形的。无形效益是那些不能客观地直接进行测量，而是依赖代理（或代表）测量或评估的效益。无形效益的例子包括客户满意度、易用性及组织的形象或商誉。
- 计划的或意外的效益：
  - 计划的。计划效益是指通过组织的 BRM 系统选择和批准的指定受益人的预期收获。计划效益也称为期望效益或预期效益。例如，启动项目以增强其制造产品的能力的制造商将期望减少完成订单的周期时间。
  - 意外的。意外效益是在项目集、项目期间或之后或在项目组合的背景下产生的计划外效益。这些效益可能对项目集或项目的成功产生重大影响。如果意外效益本质上是积极的，它们也可能对项目集或项目的整体成果产生积极影响。相反，如果意外效益是负面的，那么项目集或项目的整体观点也可能同样反映出来，或者可能被视为不成功。

    确定和评估意外效益及其总体影响是管理效益实现的关键。可能需要对效益登记册或效益实现管理计划进行调整，以解决任何已识别的意外效益。意外效益的一个例子是，随着组织越来越多地参与社区活动，组织的公众形象及组织的声誉得到改善。在这种情况下，受影响的社区成员积极地看待意外效益，从而促进其生产的产品的销量增加。意外效益也可称为计划外或非预期效益。

◆ 直接的或间接的效益：

■ 直接的。直接效益是指定的受益人按照计划实现的确定且可测量的收获。例如，客户服务提供商启动一个项目集，在多个时区设置额外的呼叫中心，以更可靠的方式响应这些时区的客户呼叫。呼叫中心容量的增加是扩展呼叫中心项目集的直接成果，更轻松、更及时地解决客户呼叫是其直接效益。

■ 间接的。间接效益是指定的受益人或其他人在实现直接的效益的同时实现的计划内或计划外的二次或偶然效益。例如，之前提到的扩展呼叫中心项目集还可以提供间接的效益，即提高了员工满意度，因为他们能够使用增加的呼叫中心容量对客户请求提供更及时的响应。

图 3-7 提供了一个可视化效益的示例，以及如何排列各种效益及它们如何适用于多种类别。例如，计划效益可以分为有形的或无形的效益，直接的或间接的效益，或者这些类别中的每一种的组合。

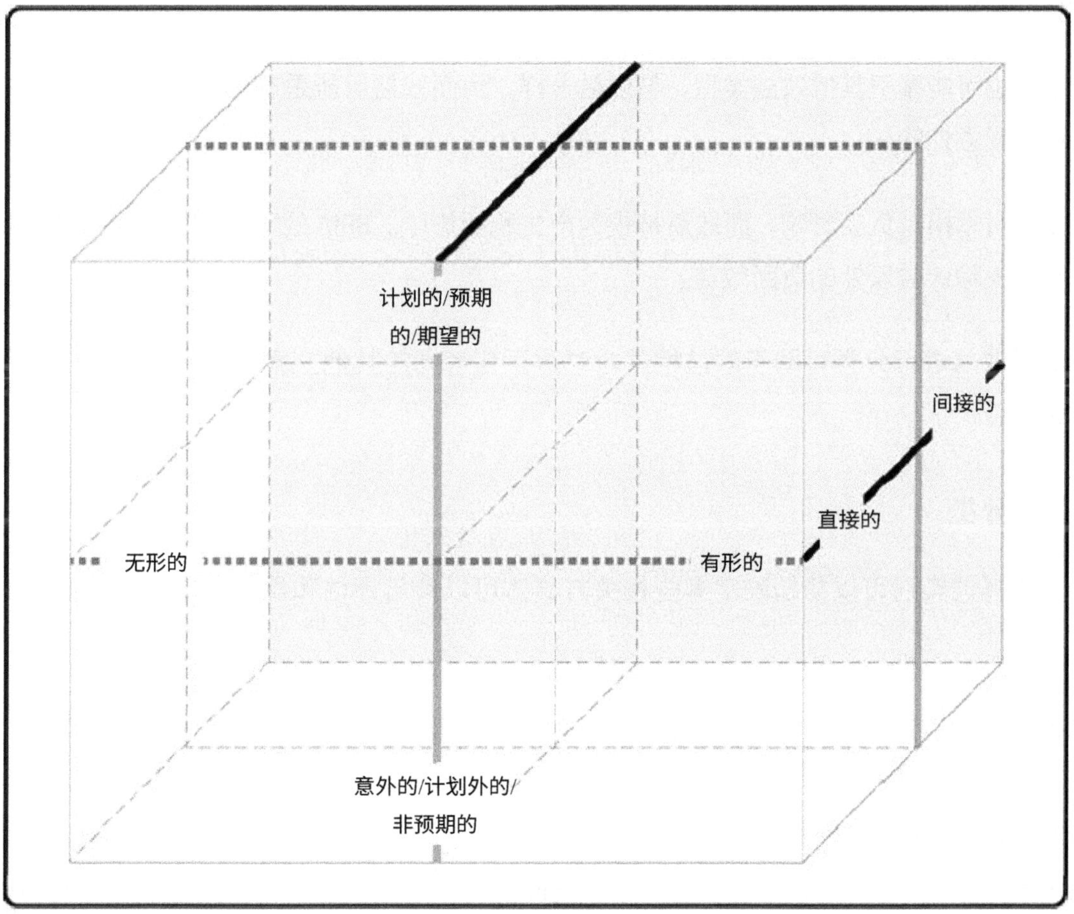

图 3-7 效益分类立方体

除前面概述的效益类别外，还有另一个类别可以对效益实现管理产生重大影响。这个类别是负面效益。

- 负面效益。负面效益是被一个或多个相关方认为不利的项目组合、项目集或项目的输出的直接后果。例如，旨在消除主要大都市区与其周边郊区之间拥堵的公路扩建计划可以查看在较短时间内安排项目所需的各种道路建设项目的资金方案。一种方案可以是政府和社会资本合作，其依赖于用于公路扩展的收费公路选项的收入分享。其好处是可以快速建造额外的行车道，从而减轻通勤者目前遇到的交通拥堵。然而，这种方案的不利之处在于选择使用专用收费车道的乘客的旅行成本较高。如果这种解决方案的收费公路成本（负面效益）被认为是过度的，公众对新公路扩建项目的支持可能减少。当负面效益大于效益时，就可能危及整个计划的可行性。

负面效益是确实存在的因素，需要在所有的 BRM 决策中得到有效考虑。选定的方案、项目集和项目的总体效益应该超过任何已识别的负面效益。

负面效益也可能属于其他效益类型。与效益一样，负面效益可能是有形的或无形的、直接的或间接的、计划的或意外的。

负面效益对举措有负面影响，而效益被视为产生积极影响。BRM 战略、效益实现路线图和效益实现计划需要解决除效益以外的负面效益。

按类别对效益进行分类有助于效益相关方对照正在考虑的其他方案清楚地了解所追求和计划的效益和负面效益。

3.5.3.2 其他分类

还有一些其他类别可以帮助确定哪些相关方群体可以参与评估和量化效益。以下是其他常见的分类：

- 目标相关方群体。可以根据受到影响的相关方群体来分类效益。影响可能是积极的，也可能是消极的。关键是要更好地了解这些群体是如何受到影响的，以及哪些群体应该参与帮助识别、量化和实现这些效益。
- 财务收益。这些收益是那些可以货币化的收益，反之是通常无法货币化的非财务收益，除非使用代理指标。财务收益的例子是与组织的声誉及其对获得额外投资资金的影响相关的收益。将收益分类为财务收益有助于收益负责人识别用于跟踪交付的绩效以获取成功的特定测量和度量指标。财务收益可以细分为：

- 可持续的/进行中的。收益的财务收获将持续到未来，如收入增加。
- 一次性的/不连续的。从收益中获得的财务收获是一次性的，如一次性收入或储蓄。
- 成本避免。财务收益是降低运营成本，避免罚款或惩罚，或者降低组织的其他形式的成本。
- 能力提升。财务收益是某种形式的运营效率、才能或能力因素。
- 内部的/外部的效益。内部效益是影响组织内部职能部门或群体的效益。外部效益影响组织外部的群体，如客户或公众。了解特定效益的主要受益人是否在执行组织的内部或外部，有助于效益负责人和项目组合、项目集和项目经理更好地了解受这些交付工作影响的人员。这确定了谁应该适当地参与影响特定效益交付问题的决策。
- 长期的/短期的效益。长期效益是使组织为未来的机遇或挑战做好准备的效益。短期效益是旨在解决当前挑战或机遇的效益。

为了成功地管理效益实现，关于何时实现效益的时间安排应考虑适当的措施来跟踪效益实现的进展。

对正在寻求的效益进行分类有助于组织了解这些效益如何与组织所追求的战略方向保持一致。对效益进行分类还有助于确定效益的优先级，并确定哪些群体可能受到效益的影响。增加了解可以促进不同相关方之间更好地沟通和有效地参与。每个组织都需要确定一组效益类别，以帮助它们了解如何及为什么要追求效益。

3.5.4 效益测量

监督和测量计划效益贯穿整个 BRM 生命周期。无论什么样的监督和测量方案，关键问题应该是：我们是否在测量中能够告诉我们在开发、交付、实现和维持过程中计划效益仍然可以实现？效益负责人对从商业论证到维持的测量方案负责。

在整个 BRM 生命周期中使用测量和评估方法并在批准的商业论证中明确说明，这是至关重要的。这样做是认识到需要在部分参与者中建立以结果为导向的思维方式。

效益实现管理计划中的每个效益都有一组初始计划好的测量。然而，这些测量意味着整个 BRM 生命周期的灵活性和不断重新验证。在适当的情况下，可以在效益负责人的批准下修改测量。

测量因效益类型和组织偏好而异。从项目组合、项目集和项目的角度来看，测量标准分为两大类：输出完成前的，输出完成后并转移到计划效益的受益人的。

项目组合、项目集和项目的管理者应该制定特定的测量标准，以对进展和计划的一致性做出判断。这些测量可以是临时的，也可以根据商业论证和效益实现管理计划逐步展开。这包括在 BRM 生命周期中所纳入的意外效益。

通过测量，可以评估计划效益的进展情况，包括符合战略一致性和资源分配与管理。通过确定何时能够达成，测量还有助于定义和管理成就。如果计划的成果和效益不再与战略一致或无法实现，则测量还可以确定何时需要进行变更或何时终止投资。

3.5.4.1 影响效益测量的因素

对计划效益进行分类有助于组织确定适当的测量方法，以跟踪成功实现的进展。通过适当的测量，本地化设计的类别标准可以帮助组织建立一个测量系统，可以在为其他项目集和项目确定具有类似效益的新目标时进行调整。

如第 3.5.3 节所述，有若干种类别的效益，但只有少部分是适用于所有情况的常见效益。每个组织都需要设计自己的测量标准，以支持其计划效益的实现，并满足效益负责人的报告要求。

BRM 欢迎并认可从商业论证到维持阶段对测量方案责任人的需要。效益负责人和/或发起人最终负责效益的测量。每项效益都要求在预定时间予以记录和汇报。这因效益和组织的类别而异。许多效益是难以测量的。大多数是可以量化的，有些是定性的，有些是有形的或无形的。

项目组合、项目集和项目的管理者应该有指定的测量方案对促进效益实现的输出的进展做出判断。

任何项目组合、项目集和项目层面及交付生命周期中任何一点的每项效益都可以在本质上标记为有形的或无形的、计划的或意外的（计划外的），以及直接的或间接的。遗憾的是，并非每一项可识别的效益都可以定量测量。有些可能需要使用定性测量。其他效益只能在项目集或项目完成后得以实现，并需要适当的测量方案落实到位。

在项目组合、项目集和项目输出的开发过程中，标准的域相关测量应该是充分的，并假定与效益实现管理计划有良好的一致性。同时也假定了对于工作进展的不懈监督和验证将有助于计划效益的最终实现。

人们并不总是必须量化地表达以证明令人满意的知识和理解，或者在这种情况下的效益实现。例如，悉尼歌剧院是澳大利亚的一个主要建筑项目，不是所有该项目的效益都可以被计划甚至测量的。但是，这并不能否定测量效益的必要性或需求。效益测量力求回答这个问题："考虑到试图实现的效益，人们将如何了解何时能够实现这一目标？"

悉尼歌剧院在施工和交付委托阶段可能带来许多有形效益。但是，它在长期对社区、游客和国家所实现的持久美丽和社会影响在概念和规划阶段难以测量，并且在完成后几年亦难以想象。对持续进行的表演节目期间所销售的座位数量的功能性测量是效益实现的显而易见的、量化的指标。然而，该独特建筑的所在地及其对国家在世界上存在的重要性（民族自豪感）的标志性特征在概念阶段不仅很难想象，而且难以对其现在提供的（明确的）无形的和有价值的效益进行测量。

例如，下述可能适用于组织所产生的效益的测量包括：

- 有形的：
  - 投资回报率（Return on Investment，ROI）。
  - 成本降低/变更规避。
  - 市场份额变化。
  - 增加的创收变化。

◆ 无形的：

■ 员工士气。

■ 客户满意度。

■ 监管行动规避。

■ 品牌或形象感知。

无形效益通常难以直接测量，在这种情况下经常使用代理指标。代理指标是近似于间接测量所寻求的效益。在测量无形效益时，效益负责人和/或发起人需要选择商定的代理指标来实现目标。这些可能包括调查问卷、民意调查、使用频率指标，以及其他成功或满意度的定性测量指标，都可作为间接测量效益的标准。

表 3-1 说明了分配给不同类型效益的测量的简单示例，特别注意了项目组合、项目集和项目的可交付成果的开发周期。表 3-2 说明了各种测量的示例，这些测量可用作组织使用或开发效益类型的资源。

表 3-1　效益测量的简单示例

效益概况/效益编号/效益名称	内部的/外部的受益人	财务的/非财务的	实现范围	潜在的意外效益	识别–执行阶段 BRM 指标	维持阶段 BRM 指标
B-1. 功能 Z 生产力提升	内部的	财务的	短期的	低	商业论证的第三方内部评估及效益实现管理计划指标，优化，有关成本、进度、质量、风险和战略调整的假设的稳定性	ROI，减少加班，正常运营时间
B-2. 客户满意度改善活动	内部的 外部的	财务的 非财务的	长期的	中	商业论证的第三方内部评估及效益实现管理计划指标，优化，有关质量、进度、成本、风险和战略调整的假设的稳定性	客户满意度提升目标，市场占有率目标，收入增加目标

表 3-2　效益测量资源配置示例

测量指标	尺度(示例)	有形的/无形的(T/I)	说　明	直接的/间接的(D/I)	备　注	计划的/意外的(P/E)	备　注
ROI	%	T	可以在项目集交付或战略的每个方面进行计算。通常与商业论证的要求相关联	D	如果要实现目标，需要密切管理。不太可能获得对目标的积极改善，但很容易成为负面因素	P	投资回报率是计划的目标。通过计划外的行动不太可能改善
成本降低/规避	$，%	T	目标通常是定量的，可以是财务目标，也可以是现有财务数据的百分比	D/I	如果要实现目标，需要密切管理。不太可能获得对目标的积极改善，但很容易成为负面因素	P	成本降低不太可能是无计划的，但在实际交付期间可能有所改善
获得市场份额	%	T	这是一个特定目标，要么达成（获得），要么没有达成	D/I	可以通过外部影响（竞争情况变化）使此测量变得积极或消极	P/E	成本降低不太可能是无计划的，但在实际交付期间可能有所改善
员工士气	百分比变化或 1~5 的等级	I	无论设定什么样的目标，都可以很容易地改变，通常失去比获得/改进的速度更快	D/I	也可能是定性的，并且由于管理层的变化，可能对这一测量产生积极或消极的影响	P/E	计划内和计划外的行动都会有积极影响或消极影响
客户满意度	百分比变化或 1~5 的等级	I	由于这是一个特定的目标，它可以很容易地改变，通常降低比提升的速度更快	D/I	可以作为竞争对手和客户体验的直接的/间接的后果而改变	P/E	可能在交付生命周期内发生变化，无论是上升还是下降
监管行动规避	是否完成	I	这是一个特定的“应该做”的目标，可能带来积极和消极的变化/后果	D	固定目标，应按计划交付	P	作为固定目标，只有先计划好才能达成。属于此类测量的意外效益需要更多一次性的计划，以建立要监督的固定目标类型的测量
其他							

无论组织使用什么度量指标，效益测量的关键在于认识到组织需要建立一个系统来监督效益实现的进展。这些测量提供了有关进展的信息，并提供了调整方法和计划的机会。另一个关键在于，实施的测量允许效益负责人和关键相关方评估所寻求的效益是否正在实现或可以实现。

3.5.4.2 角色和测量效益

有关贯穿 BRM 生命周期的效益实现的文献中描述了若干不同的角色（个人贡献者）。这包括监督流程（通常与效益负责人和/或发起人相关）的战略角色，效益协调和数据解释的中间角色（最有可能与管理实际交付相关的角色），以及更低级别的进行数据收集和分析的角色。

效益负责人通常负责从交付流程开始到结束的测量方法和评估。项目组合、项目集和项目的管理者可能在 BRM 生命周期的识别阶段对测量的定义做出贡献，特别是当这些管理者具有以往经验时。效益负责人可以将具体测量和评估效益实现的进展的主要责任委托给那些更贴近交付职能的人。

若认识到许多相关方需要与效益负责人和发起人一起参与，使用基于矩阵的责任分配矩阵或类似图表可能有助于定义角色。

3.5.4.3 测量效益的时间

虽然人们一致认为，任何项目集或项目从建议提出开始时就需要考虑效益测量，但在哪个阶段计划和定义用于监督目的的测量可能少有一致意见。BRM 指南的一些来源表明，这是一个渐进的过程，首先要将效益确定为定性的概念，然后将其转化为用于跟踪的测量指标。

对于更显而易见和可预测的举措，应在效益实现管理计划中定义测量计划效益的度量指标。对于更不确定或迭代的举措，如软件开发或实验性研发项目，更加渐进地识别测量标准可能更好。在任何情况下，通常会对测量结果进行汇总，以供效益负责人在定期审查或阶段关口会议上进行审查和采取适当行动。如果出现意外效益，则将其管理和测量整合到效益管理实现计划中。

3.5.5 效益和需求跟踪

组织的战略目标受制于内部的优势和劣势（例如，组织级项目管理、战略执行成熟度和能力），以及受经济、社会和环境影响的外部的机会和威胁（例如，合作伙伴、竞争对手和其他相关方）。

组织领导者应该提出以下问题：

- 在战略评估的基础上，组织如何能够适应不断变化的环境？
- 如果组织在不改变其战略或行动计划的情况下业务继续照常运转，会发生什么？
- 组织如何通过利用优势和机会，减轻任何威胁并减少任何弱点来实现增长？
- 组织如何不断改进和创新？

组织要取得成功，就必须解决这些问题中的每个问题。组织领导者应该针对问题而启动项目组合、项目集和项目，并寻找 BRM 以交付积极结果。

根据《PMBOK®指南》，有四个基本类别的初始目标将导致组织启动项目：

- 满足与生存目标（继续运营）相关的法规、法律或社会要求。
- 满足相关方的要求或增长需要。
- 实施或改变商业或技术战略，解决商业长期目标。
- 创造、改进或修复产品、流程或服务，以实现商业目标的组合。

这些组织目标被转化为需求，作为确定项目集和项目范围的基础，包括操作程序的服务级别要求。

功能的和非功能的需求源于这些需要，是促进效益实现的项目集和项目的输出的验收标准的来源。效益与能够实现计划成果的输出或可交付成果的商业要求相关联。已实现的效益能创造价值，这是实现的效益减去实现的成本的净结果。

价值驱动因素可能对组织的成功产生最大影响。针对不同的行业和公司，存在着不同类别的价值驱动因素，如类型（如增长驱动因素、运营驱动因素或财务驱动因素）或级别（如通用或业务单元特定级别）。

当需要采取行动来实现特定的价值驱动因素时，例如，管理库存周转或影响营运资本的变量，价值驱动因素应该在明确和相称的水平上定义，以便采取实现行动。

映射价值驱动因素有助于确定最大化组织的价值所需的效益，并证明新的项目组合组件（项目集和项目）或那些组件在各自的商业论证的执行阶段的延续。图 3-8 是映射值驱动因素的示例。

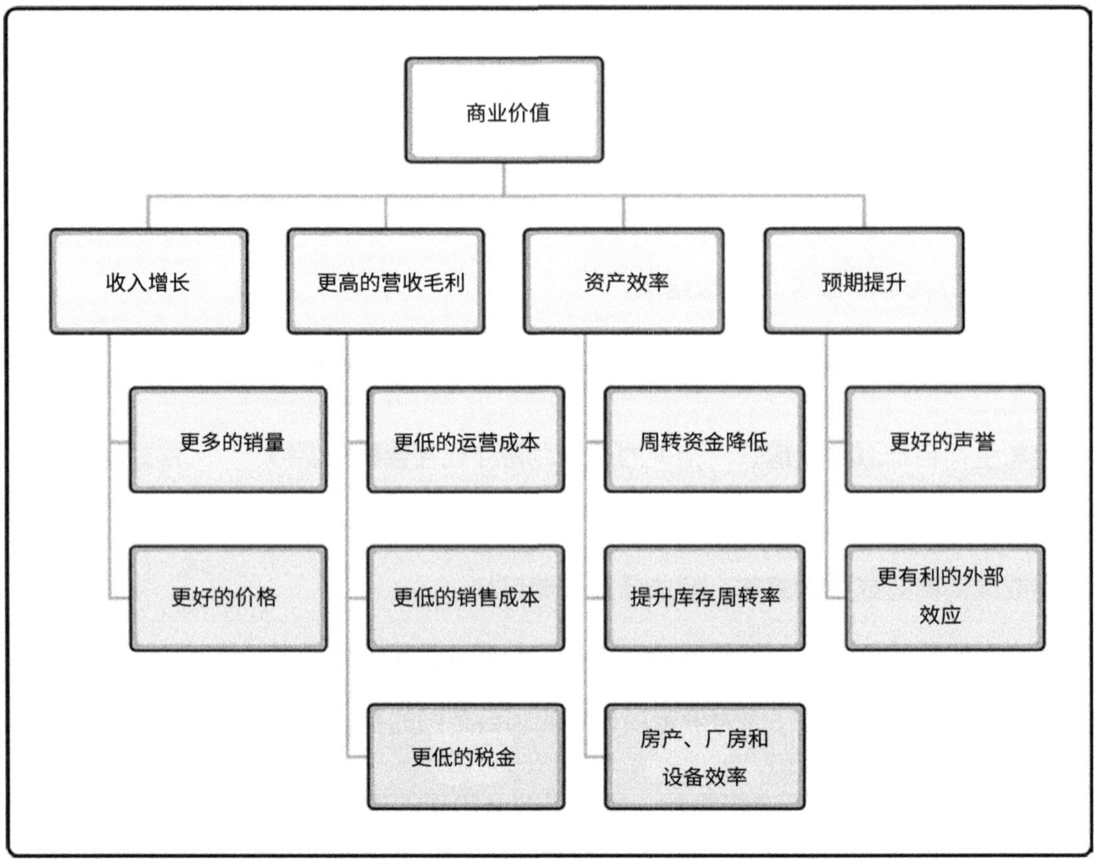

图 3-8　价值驱动因素图帮助识别和规划效益示例

组织需要考虑引入新的价值主张或改进其现有的商业模式。映射价值驱动因素有助于识别和规划需要被识别、开发和实现的效益。

这种映射从组织目标向项目集和项目及其各自的商业论证和效益实现管理计划逐层向下深入分析。

商业论证文件提供了为什么要探索某个机会、解决某个问题或遵守某个义务的原因。要实现这些目标，需要阐明所采用的最佳的可行且可实现的行动方案。

商定的商业论证和效益实现管理计划对该举措的支持成为识别确保成功交付输出和实现效益的需求的关键。解决方案、产品或服务形式的输出应与正确的能力集合相一致，并描述它们将如何帮助实现计划成果和计划效益。有效的需求管理与资源投入及效益实现的跟踪直接相关。

通过了解提高项目集和项目交付成功的可能性所需的替代解决方案、计划效益和其他项目集需求，可以增强需求定义。

效益跟踪矩阵用于捕获特定的项目组合、项目集和项目输出与总体组织战略目的一致且相关的导致效益的映射。效益跟踪矩阵用于记录与效益相关的特定重要参数，如类别、一致性、责任人和相关的项目。效益登记册用于在项目组合、项目集或项目级别持续管理、跟踪和报告效益的实现。效益登记册记录承诺的效益，并得到维护，它包括计划效益、实际实现的效益、相关的测量、时间安排和参考的项目等重要信息。

第 4 章

在 BRM 背景中为项目组合、项目集和项目管理提供指导

4.1 概述

项目组合、项目集和项目所创造的输出可产生各种类型的成果，从而为组织带来效益和价值。BRM 需要成为普遍接受的管理方式中一致且可见的部分。本节为希望学习或改善其 BRM 角色的从业者提供一般性指导。首先，要考虑项目组合、项目集和项目的基本定义及其在 BRM 中的位置。

项目组合管理是一个或多个项目组合的集中管理，以实现战略目标。这种集中化使组织能够考虑如项目集和项目的相关效益的相对重要性以确定它们的优先级。这些优先事项在整个 BRM 生命周期中进行审核，其中项目组合管理的决策和行动有助于确保按计划实现。

项目集是项目组合的常见要素。项目集管理是将知识、技能和原则应用于项目集，以实现项目集目标，获得单独管理各个项目集组件所无法获得的效益和控制。项目集经理负责项目集的输出的交付，其产生的成果能使相关的效益按计划得以实现。

项目是为创造独特的产品、服务或成果而进行的临时性工作。无论项目是独立管理，或者直接作为项目组合的一部分，还是作为项目集的一部分，该定义都适用。当项目的输出被使用时，成果得以产生，从而也实现了效益。所面临的挑战是始终如一地保持项目工作，与商业论证和效益实现管理计划一致。

虽然实际的效益实现取决于项目组合、项目集和项目的输出（或可交付成果）的创造和移交，但在执行和维持阶段可能出现意外效益和负面效益。效益负责人负责并行使管理整个 BRM 生命周期中的效益的职责，包括在项目组合、项目集和项目中进行工作时。

本实践指南假设组织使用三种主要手段来开发和交付促进效益实现的输出：项目组合、项目集和

项目。仅承认项目的组织应考虑针对其特定用途裁剪本指南中概述的原则和实践。例如，如果组织不实施正式的项目组合管理并且只有项目，就像在许多中小型实体中一样，项目经理应该直接与高级领导者联系，那些领导者对项目输出应创造的计划成果和效益负责。

作为参考，图 4-1 显示了项目组合、项目集和项目的大致参与持续时间。这些持续时间可能因组织而异。

除商业分析师外，第 4.2 至第 4.5 节侧重于 BRM 对项目组合、项目集和项目经理角色的有效指导。虽然每个 PMI 基础标准都在不同程度上解决了 BRM，但这里的目的是在 BRM 生命周期中汇总适当的角色活动。

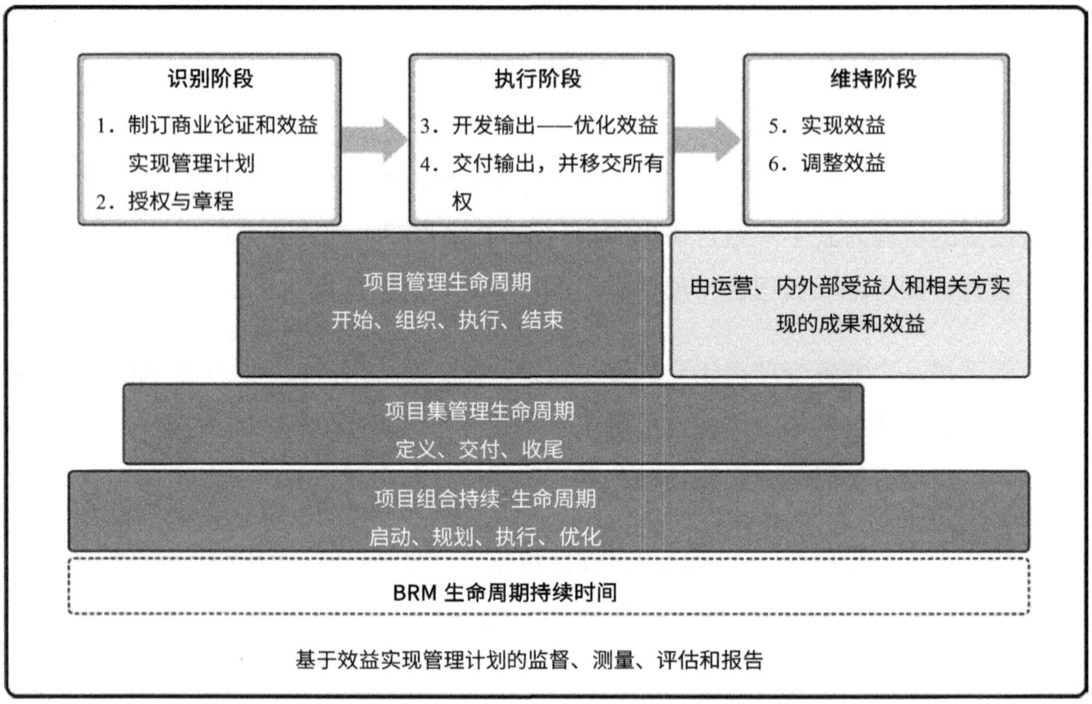

图 4-1 BRM 背景中项目组合、项目集和项目的生命周期

4.2 BRM 对项目组合经理的通用指导

虽然项目组合经理应该解决多个动态问题（参见《项目组合管理标准》），但 BRM 要素首先要了解项目组合管理生命周期与 BRM 生命周期的关系，如图 4-1 所示，项目组合管理基本跨越了整个 BRM 生命周期。

BRM 生命周期适用于每个授权的效益。在任何给定时间，项目组合中可能识别多个计划效益。项目组合经理及其治理机构通过采取以下行动，在项目组合的运行过程中支持组织的 BRM 实践：

- 努力遵循 BRM 和项目组合管理的政策、计划、测量和实践，并要求其组件也这样做。
- 以最强的战略意图实施更高价值的高优先级的计划效益。
- 确保项目组合组件与批准的战略和计划效益持续保持一致。
- 平衡和优化潜在的效益、风险和资源。
- 创建效益登记册，开始识别项目组合中需要被跟踪的效益。
- 根据组件进展的测量来监督效益的实现潜力。
- 注意成本抵消计划效益和相关价值的取消条件。
- 主动跟踪和分析项目组合的绩效，并寻找阻碍实现计划效益的瓶颈、系统性问题和能力限制的任何迹象。
- 促进与相关方的讨论，以帮助确保实现计划效益。
- 通过受益人促进将组件的输出转化为计划的成果和实现的效益。
- 促进维持阶段的效益和相应行动的测量。
- 优先采用适用于组织的适当的实践，以及围绕 BRM 和项目组合管理的成功实践的相关经验教训。

项目组合中的效益应在效益登记册中进行高层级定义，并与项目组合的主题或类别保持一致，方法是捕获每个组件的绩效如何对组织整体价值的项目组合做出贡献。这些效益应与计划效益直接相关，计划效益在项目集层面更详细地定义。

4.3 BRM 对项目集经理的通用指导

项目集是产生集体输出的主要支柱，那些输出能够产生计划的成果和效益（见《项目集管理标准》中的图 4-1）。项目集生命周期与 BRM 的高层级关系如图 4-1 所示。

以下信息旨在对参与 BRM 生命周期阶段的项目集经理进行指导，其目的是提高对计划效益和意外效益的认识，而不是取代任何正常的项目集经理的角色和职责。

- 参与 BRM 识别阶段时：
  - 酌情协助识别和质化效益。
  - 为商业论证和效益实现管理计划的制订提供适当的专业知识。
  - 确定效益负责人和其他相关方的期望。
  - 与指派的商业分析师协作。
  - 与效益负责人协作，完成强健的效益实现管理计划。
- 参与 BRM 执行阶段时：
  - 确保效益负责人和项目集团队的其他成员参与商定的项目集沟通计划，该计划强调项目集工作与计划效益和相关度量指标的一致性。
  - 促进项目集团队使用效益实现管理计划。
  - 将项目集管理计划的关键要素映射到效益实现管理计划。
  - 在开工、阶段关口或其他常规项目集会议上审查并重新确认与计划效益相对应的计划工作。
  - 提醒项目集团队测量和报告意外效益。
  - 根据计划效益监督和报告组件进展。
  - 维护项目集效益登记册。
  - 在项目结束时，捕获并传达相关的 BRM 经验教训。
- 参与 BRM 维持阶段时：
  - 根据效益实现管理计划，酌情加强输出的移交及计划和测量的实施。

- 协助移交持续的责任，以支持持续交付效益所需的相应成果。
- 与效益负责人一起适时监督效益的绩效。

4.4 BRM 对项目经理的通用指导

项目经理在产生有助于实现计划的成果和效益的输出方面具有第一线作用。项目工作往往集中在 BRM 生命周期的执行阶段，如图 4-1 所示。

以下信息旨在作为参与 BRM 的项目经理的指导，其目的是提高对计划效益和意外效益的意识，而不是取代任何正常的项目经理角色和职责。

- 参与 BRM 识别阶段时：
  - 有助于制订商业论证和效益实现管理计划。
  - 确定效益负责人和其他相关方的期望。
  - 适当时与项目集经理和指派的商业分析师协作。
- 参与 BRM 执行阶段时：
  - 确保效益负责人和项目集经理酌情参与商定的沟通计划，该计划强调项目工作与产生计划效益的输出的一致性，并与相关的 BRM 度量指标保持一致。
  - 获取并将效益实现管理计划与项目计划相结合，并与项目团队和其他相关方共享。
  - 将项目管理计划的关键要素映射到效益实现管理计划。
  - 在开工、阶段关口或其他常规项目会议上审核并重新确认与计划效益相对应的计划工作。
  - 提醒项目团队测量和报告意外效益。
  - 在项目结束时，捕获并传达相关的 BRM 经验教训。
- 参与 BRM 维持阶段时：
  - 根据效益实现管理计划，酌情协助效益负责人的移交工作及计划和测量的实施。

4.5 BRM 对商业分析师的通用指导

商业分析师在确定商业需求和定义计划效益方面发挥着直接作用。商业分析师开展活动以支持输出的交付，从而产生符合战略目标的成果或解决方案。通过参与 BRM 生命周期的大部分（如果不是全部），商业分析师在每个阶段都遵循以下通用指导。

- 参与 BRM 识别阶段时：
  - 确定实施目标输出以解决问题和获得与组织战略目标相称的机会时应产生的既定潜在效益。
  - 寻求为交付价值的商业需求提供更广泛的解决方案的输出。
  - 与项目组合、项目集和项目经理及其他相关方合作，确定所寻求的效益，并制定合理的商业论证，以证明实现这些效益所需的努力。
- 参与 BRM 执行阶段时：
  - 与适当的相关方合作，识别实现所寻求的成果和效益的输出所需的所有产品要求。
  - 确保输出通过适当的监督和测量实现预期效益。
  - 当输出似乎无法交付效益时，提醒项目组合、项目集和项目团队及效益负责人。
- 参与 BRM 维持阶段时：
  - 在产品评估工作中帮助确保交付的输出为受益人提供预期的成果和已实现的具有持续价值的效益。
  - 监督成果和已实现的效益是否符合战略举措为其而开展的受益人和其他相关方的需求和期望。

附录 X1　BRM 实践指南的贡献者和评审者

项目管理协会对提供支持的个人及他们对于项目管理专业所做出的贡献表示感谢。

X1.1　BRM 核心委员会

以下人员作为个人为 BRM 的文本和概念做出了贡献，同时他们也是项目核心委员会中的领导者。

Farhad Abdollahyan, PMP, PMI-RMP
Michael Joseph Frenette, PMP, SMC
Mustafa Hafizoglu, MSc, PMP
Kindra Howard, PMP, BRMP
Paul E. Shaltry, MA, PMP
Chris Stevens, PhD
Dave Violette, MPM, PMP
Lorna Scheel, MSc, PMI 标准合规专家

X1.2 SME 评审者

除了 BRM 核心委员会，以下人员对本实践指南进行了评审并提供了建议。

Imad Alasadeq, MSc, MSP, PMP
Amgad Badewi, PhD, PMP
Greta Blash, PMP, PMI-PBA
Peter Berndt de Souza Mello, PMP, PMI-SP
Farid F. Bouges, PhD, PfMP, PMP
Richard Breese, MA, DBA
Cyndi Dionisio, PMP, PMI-ACP
Vick Ekizian, PMI-RMP
Iain Fraser, PMP, PMI Fellow
Patrick Girard, MSc, PMP
Ruth Anne Guerrero, MBA, PMP
Nagy Hamamo, PMP, 效益管理从业者
Mohammad Ichsan, PhD, PMP, PMI-SP
Steve Jenner, FCMA, MBA
Mark, Kennedy, PMP
Kevin Korterud
Aries Nagy, PMP
Marvin R. Nelson, MBA, SCPM
Eric S. Norman, PgMP, PMI Fellow
Deena Gordon Parla, PMP
Crispin "Kik" Piney, BSc, PgMP
Carlos Eduardo Martins Serra, MSc, PMP
David W. Ross, PgMP, PMP
Morten Sorensen, PfMP, PgMP
Langeswaran Supramaniam, MSc, BEng(Hons), PMP
John Thorp, CMC, ISP
Stephen A. Townsend
Merv Wyeth, MA(Exon), FAPM

X1.3 PMI 标准项目集成员顾问小组

以下人员作为 PMI 标准项目集成员顾问小组成员参与了本实践指南的开发过程。

Maria Christina Barbero, PMI-ACP, PMP, CSM
Brian Grafsgaard, PfMP, PgMP, PMP, CSM
David Gunner, MSc, PMP, PfMP
Hagit Landman, PMP, PMI-SP, MBA
Vanina Mangano, PMP
Yvan Petit, PhD, MEng, MBA, PMP, PfMP
John Zlockie, MBA, PMP, PMI 标准经理

X1.4 制作人员

特别感谢以下 PMI 员工：

Donn Greenberg，出版经理

Roberta Storer，产品编辑

Barbara Walsh，出版产品主管

Kim Shinners，出版助理

X1.5 《效益实现管理实践指南》中文版翻译者

以下人员担任了《效益实现管理实践指南》中文版的翻译工作：

傅永康 PMP，MBA

罗继平 PMP，PMI-ACP，PRINCE 2 Practitioner，DevOps Professional

杨　俊 PMP，PMI-ACP，CSM，DevOps Professional

附录 X2　效益实现管理准备情况调查

此调查是为了帮助组织对于实现效益实现管理的重要实施因素进行自我定位评估。调查是为那些正在启动或者升级 BRM 计划的组织而设计的,目的是帮助这些组织评估它们在各自的文化和实践中对于 BRM 的基本原则及关键成功驱动因素的接受和嵌入程度。

BRM 基本原则会对效益负责人、高级业务领导和其他相关方在行为、思维和决策方面做出指导。除项目组合、项目集和项目经理及其团队外，同样的原则也适用于受益人。CSE 是那些会对 BRM 的效果和效率做出贡献的组织能力。CSE 的一个根本目标是使它们具有让企业为实现期望的（计划的）成果和效益做好准备的能力。正确的 CSE 落实到位会帮助组织管理它们的项目组合、项目集和项目，从而达到交付输出，产生创造效益的成果的目的。

通过从参与到 BRM 中的组织角色来收集评估输入，可以最行之有效地使用此调查。角色例如：

- 执行领导。
- 运营/职能管理层。
- 效益负责人。
- 项目组合、项目集和项目经理。
- 商业分析师。
- 组织中对获得效益的举措进行管理和领导的其他角色。

此调查还可以有选择地用于收集组织中关键成员的输入或从整体上收集整个组织的广泛意见。

此调查分为两部分。第一部分聚焦于 BRM 的核心原则。第二部分则针对 CSE 进行。

调查结果应合并为对组织准备情况的综合评估，并且提供给组织中的关键决策领导者。领导者可以根据 BRM 原则和关键成功因素来评估组织的优势和劣势，以确定能与这些原则及 CSE 达到关键一致的行动计划。

X2.1 BRM 的核心原则

针对第 X2.1.1 至第 X2.1.5 节中确定的五项核心原则，请根据每项原则被你的组织完全接受的程度，选择与之相符的评级。

X2.1.1 净效益证明投入资源使用的合理性（见表 X2-1）

为追求组织的战略目的和业务目标，需要对项目组合、项目集或项目进行管理，其成果依照资金投入而交付效益。

- **基本原理。**净效益用以证明发起组织在某项工作上使用有价值的资源的合理性。价值需要考虑效益及为实现效益所需的资源投入。
- **支持工件。**记录所有计划效益和实际效益效果及为实现这些效益所付出的成本的文档，同时文档要包括对这些效益带来的净价值的分析。

表 X2-1 净效益证明投入资源使用的合理性

原则：净效益证明投入资源使用的合理性				
你认为你的组织完全接受该原则的程度				
非常不同意	不同意	中立	同意	非常同意
0	1	3	4	5

X2.1.2 效益识别驱动工作开始（见表 X2-2）

在工作开始之前需要明确识别在开发期间和输出交付之后的计划效益。应向所有交付相关方和受益人明确阐述这些效益。

- **基本原理。**根据计划效益来交付预期价值，这提供了对所要进行工作的思考和决策的指导。应明确阐明从效益管理中获得的价值，以便所有决策者能够对最终实现计划效益的工作做出明智的决策。
- **支持工件。**被批准的带有效益实现计划的商业论证，在阶段或关口的定期审查及效益预测或评估。

表 X2-2 效益识别驱动工作开始

原则：效益识别驱动工作开始				
你认为你的组织完全接受该原则的程度				
非常不同意	不同意	中立	同意	非常同意
0	1	3	4	5

X2.1.3 从授权文件中识别计划效益（见表 X2-3）

计划效益应由授权文件（商业论证、效益管理实现计划和项目组合/项目集/项目章程）中的组织、关键相关方和适当受益人进行评估、估算、核实和同意。监督和管理这些效益是项目组合、项目集和项目管理生命周期的一部分。

- **基本原理。**该原则是为了有效评估、正式记录、监督和测量计划成果和效益。这使组织能够有效地监督实现这些计划效益的进展。
- **支持工件。**商业论证、章程、效益登记表、效益概况及更新记录。

表 X2-3　从授权文件中识别计划效益

原则：从授权文件中识别计划效益				
你认为你的组织完全接受该原则的程度				
非常不同意	不同意	中立	同意	非常同意
0	1	3	4	5

X2.1.4　整体规划和管理效益实现（见表 X2-4）

从组织需要与需求角度整体地考虑、规划和管理效益实现，而不仅限于项目组合、项目集或项目交付的需要与需求。

- **基本原理。** BRM 从项目组合、项目集和项目领域，扩展到整个企业。要使 BRM 取得成功，发起组织应以更广泛的整体的视角进行总体规划。这减少了由于较狭隘地只关注通过项目组合、项目集和项目管理工作交付输出可能导致的缺点。整体的方法还包括考虑意外变更，将效益实现的机会和威胁与组织目标保持一致。
- **支持工件。** 项目组合层面的效益跟踪矩阵，价值/效益与平衡计分卡的映射或者其他的战略目标层级。

表 X2-4　整体规划和管理效益实现

原则：整体规划和管理效益实现				
你认为你的组织完全接受该原则的程度				
非常不同意	不同意	中立	同意	非常同意
0	1	3	4	5

X2.1.5　治理和充足的资源对 BRM 的成功至关重要（见表 X2-5）

BRM 需要充足的资源供给，在明确的治理结构内工作，负责管理和实现商定成果的人员被正确任命，并有责任和权利开展工作。

- **基本原理。**这一原则的基本原理是组织应投入资源和努力来实现和维持效益。此外，组织应在资源的适当水平上做投资。组织应提供清晰和充分的治理结构。它们应该授权于适当的个人并让其对整体成功负责。
- **支持工件。**被批准的效益治理角色和责任，需要在文档中记录并保持更新，与效益登记册相对应的职责矩阵。

表 X2-5　治理和充足的资源对 BRM 的成功至关重要

原则：治理和充足的资源对 BRM 的成功至关重要				
你认为你的组织完全接受该原则的程度				
非常不同意	不同意	中立	同意	非常同意
0	1	3	4	5

X2.2　BRM 关键成功驱动因素

针对第 X2.2.1 至第 X2.2.6 节中确定的六个关键成功驱动因素，请根据每项因素在你的组织中完全建立的情况，选择你认为与之相符的等级。

X2.2.1　建立明确的 BRM 角色和职责（见表 X2-6）

BRM 成功的关键是需要将指定的效益负责人或发起人及其他相关领导与组织的治理结构和 BRM 战略保持一致。这些角色有责任领导 BRM 的整个生命周期，即管理效益从概念到实现和维持，表现为识别、执行和维持的这三个通用阶段。其他高级领导可能负责帮助管理那些与达到和实现计划效益相关的变更，这对于确保总体项目组合、项目集和项目的成功至关重要。使用 RACI 图表或类似技术是明确识别关键角色的职责和最终责任的关键方式。这些角色需要对项目集、项目及如何交付战略一致性、目标和相关效益有可见性和洞察力。拥有正确洞察力的效益负责人能以广泛的视角指导总体项目组合、项目集和项目更好地实现计划效益的战略意图。

BRM 有助于创建有关战略的可见性和洞察力，它强调项目集/项目输出与计划成果之间的偏差。这种洞察力为效益负责人提供了更正的机会，其中小的变化可以产生重大影响。BRM 还确保管理层可以做出决策，以支持那些直接连接战略的项目集和项目。效益负责人、发起人和其他高级领导者可以通过在相关项目组合、项目集和项目中强化最终责任及为积极的 BRM 行为做出表率以支持 BRM。

- **支持工件。**对效益定义、评估、监督、控制和报告的描述或与之相关的角色和职责，需要在单独的文档中记录或者作为组织项目管理文档的一部分记录。

表 X2-6　建立明确的 BRM 角色和职责

CSE：建立明确的 BRM 角色和职责				
你认为你的组织完全建立该因素的程度				
非常不同意	不同意	中立	同意	非常同意
0	1	3	4	5

X2.2.2　发展正确的 BRM 文化（见表 X2-7）

每个组织通过在它们所委托的项目组合、项目集及项目中鼓励和加强采用 BRM 概念、术语和流程来获利。这使组织能够形成 BRM 文化，其中高管层、积极领导者、供应商、个人贡献者和相关方能够轻松识别和观察对每项举措的成功至关重要的预期成果、结果和效益。

BRM 文化的属性可能包括：

- 在每个商业论证、效益实现管理计划和其他启动工具（如章程）中正式纳入效益。
- 评估项目组合、项目集和项目以确保它们与战略性组织目的、目标和计划效益保持一致。

◆ 除任何相关的可预见风险及其与成功的关系外，聚焦于有形和无形效益。

◆ 通过为发起的项目集和项目确定目标效益的高管，以及领导实现这些计划效益的经理的积极参与和职责共享，来建立适当的治理层级。

◆ 确保与效益实现相关的决策能有效、全面地解决问题。

◆ 鼓励积极领导者尽早提出并优先考虑影响效益实现的问题。

◆ 通过行为和言语表明组织文化如何对计划效益产生积极或消极影响的意识。

相反，有一些组织属性可能阻止 BRM 在组织内的成功实施，应避免和阻止这些属性，包括：

◆ 惩罚分享举措所面临的真正困扰和问题的领导和团队成员。

◆ 只专注于按进度计划完成任务，却不管对成本、质量、效益、成果或结果的影响。

◆ 隐瞒重要信息致使含混不清或糟糕的沟通。

为了取得成功，领导者应该鼓励创建组织文化以激励并提高整个组织绩效的行为。对于高管、业务负责人和项目组合、项目集和项目领导者而言，BRM 是成功的关键驱动因素。

◆ **支持工件。**包含了效益部分的项目组合、项目集和项目报告，对效益有实质性考虑的治理委员会会议议程和报告，对商业论证的审查及效益实现计划。

表 X2-7 发展正确的 BRM 文化

CSE：发展正确的 BRM 文化				
你认为你的组织完全建立该因素的程度				
非常不同意	不同意	中立	同意	非常同意
0	1	3	4	5

X2.2.3 培养正确的技能（见表 X2-8）

培养支持 BRM 的技能可以极大地提高成功的可能性并促进实现更多计划效益。BRM 涉及多种角色（参见第 2.2 节），根据其参与程度，可以分为四组技能。

- **治理角色**。治理角色包括高管、高级管理层、领导者和发起人。实施 BRM 相关的治理角色需要决策能力、领导力和商业头脑。除这些通常的高级管理技能外，还需要更多特定的技能使高级领导人能够：
  - 设计和确认治理角色、职责和治理主体配置。
  - 建立效益管理标准、要监督的度量指标及测量参数。
  - 审查和批准效益实现管理计划。
  - 评估和批准章程文件。
  - 根据效益实现标准评估工作绩效并定期加以测量。
  - 根据效益目标，监督、报告和发布进展状况以供组织各级审查。
  - 识别并更改项目组合组件（例如，项目集、项目和运营）以实现并维持计划效益。

关于为项目组合、项目集和项目建立有效治理的其他指导可参见《项目组合、项目集和项目治理实践指南》。关于发展项目组合、项目集和项目经理能力的进一步指导可参见《项目经理能力发展框架》（第 3 版）。

- **相关方角色**。 相关方角色包括中层管理者、运营管理者和/或效益负责人、发起人和受益人。这些角色由为寻求效益的客户或为实现效益而创建输出和成果所需的资源和能力的供应商担任。这些相关方在 BRM 生命周期的识别阶段发挥着非常积极的作用，应该能够：
  - 从自下而上的角度识别可以实现战略效益的举措。
  - 了解物有所值的考虑因素，以确认效益概况。
  - 协助价值/效益地图的开发、评估和批准。
  - 确认效益测量基准和目标。
  - 在整个举措执行期间学习并定期审查经验教训，为移交计划和经验教训审查提供输入。

◆ **管理角色。**管理角色包括效益、项目组合、项目集、项目和变革经理。这些角色负责管理其专业领域对整个 BRM 生命周期的总体效益的贡献。这些角色向治理角色报告，并与相关方和专家互动。

《项目经理能力发展框架》中定义的组织项目管理能力适用于这些角色。

根据《组织管理变革实践指南》，成功的变革管理为组织提供了竞争优势。成功的变革管理（也称为组织变革管理）的一些关键成功因素是有效沟通、解决潜在阻力、团队协作及发起人的积极支持。

◆ **专家角色。**专家角色包括效益/商业分析。效益/商业分析技能包括：(a) 分析和解释复杂的组织数据；(b) 识别问题和机会；(c) 提供能产生效益的可能解决方案；(d) 开发仪表板、报告和演示文稿。除这些技能外，这些角色还需要出色的沟通技巧，能够与各种领导角色、高级相关方及项目组合、项目集、项目和变革经理沟通并影响他们。更具体地说，从事效益/商业分析的专家应该能够：

- 促进与治理、相关方和管理者的研讨会，以识别和选择效益并制定测量效益的具体措施和机制。
- 创建效益跟踪矩阵或效益地图以展示计划效益与其支持成果、能力和举措之间的关系。
- 根据商业论证和效益实现管理计划中这些举措的输出和成果，审查项目组合、项目集和项目章程，以确认其持续与业务需要和期望保持一致。
- 定期评估运营/受益人是否实现了和效益地图中所描述一样的，在商业论证、效益实现管理计划和举措章程中定义了的效益。
- 支持项目组合、项目集、项目和变革经理，以确保所有计划、输出和成果与计划效益保持一致。

◆ **支持工件。**以 BRM 为导向的培训计划，关注参与者的参与和成就。

表 X2-8　培养正确的技能

CSE：培养正确的技能				
你认为你的组织完全建立该因素的程度				
非常不同意	不同意	中立	同意	非常同意
0	1	3	4	5

X2.2.4　拥抱灵活性（见表 X2-9）

擅长 BRM 的组织会拥抱灵活性，因为在动态和变化的环境中，很少有项目集或项目可以按原计划交付。这意味着 BRM 可能无法交付计划效益，或者在交付时限内期望会发生变化。随着交付环境的变化，所寻求的效益也可能需要改变/调整。

例如，在管理一个资产–价值项目/举措（如建筑项目）的效益时，计划的时限通常很长，并且受到外部环境意外变化的影响，这些都是参与实物交付的人无法控制的。效益登记册或地图中所记录的计划效益的原始清单可能发生变化，因此，清单需要改变并适应新形势。

◆ **支持工件。**变更控制过程日志和请求，包括效益管理方面的考虑。

表 X2-9　拥抱灵活性

CSE：拥抱灵活性				
你认为你的组织完全建立该因素的程度				
非常不同意	不同意	中立	同意	非常同意
0	1	3	4	5

X2.2.5　加强治理和风险管理（见表 X2-10）

所有由项目集和项目构成的项目组合都存在一定程度的风险。风险可以是从仅影响给定项目集或项目的离散风险到可能影响项目组合和组织本身的总体风险。一个组织为交付所寻求的效益而进行的努力也可能给组织或其他受益人带来负面效益。（关于负面效益的讨论见第 3.5.3 节。）识别关键风险和适当的治理结构对于确保项目集和项目的交付保持可靠、适当和有用从而为受益人实现计划效益是至关重要的。一旦项目集或项目结束，要更新相关风险登记册，并将任何残余风险转移到治理结构中的下一个更高级别，以便进一步监督或跟进。

BRM 可以嵌入现有的治理结构中，用于可能已存在的项目组合、项目集和项目。当 BRM 尚未嵌入这些治理结构时，应采取措施确保 BRM 成为项目组合、项目集和项目治理的一部分。这是确保效益和价值不断被实现并与组织整体战略保持一致的关键。BRM 提供必要的监督和管理机制，以跟踪实际实现的效益。治理结构还需要提供一种方法，确保在项目集和项目完成后维持效益。这些结构还应确保有足够的 BRM 度量指标来监督有形和无形的效益，这些效益被视为正在进行中的项目组合、项目集和项目治理的一个组成部分。

- **支持工件。**治理文件要求将效益作为影响评估的一个参数。这是范围、进度、成本、质量和其他特定应用领域参数的补充，包括专门解决风险对效益影响的风险评估报告。

表 X2-10　加强治理和风险管理

CSE：加强治理和风险管理				
你认为你的组织完全建立该因素的程度				
非常不同意	不同意	中立	同意	非常同意
0	1	3	4	5

X2.2.6　建立效益跟踪（见表 X2-11）

效益跟踪需要识别有效的 BRM 度量指标用于有效的管理和领导。除受益人的效益外，这对于实现项目组合、项目集和项目的输出和成果至关重要。BRM 度量指标（如适用）需要用于测量有形和无形效益。这允许跟踪效益实现的进展。BRM 度量指标不需要是精确或整体的，但它们应被认为是洞察趋势并允许对成功实现进行一定程度的预测的基本条件。这种预测可显示成果，并在必要时可帮助改进项目组合、项目集和项目以有助于确保实现效益。

应尽早落实适当的、可测量的、可理解的一组 BRM 度量指标以支持适当的监督。对效益及在效益实现之前、期间和之后所产生的相关价值的测量对于成功的 BRM 至关重要。

- **支持工件。**对每个效益经批准的监督和评估流程文档及文档的使用记录。

表 X2-11　建立效益跟踪

CSE：建立效益跟踪				
你认为你的组织完全建立该因素的程度				
非常不同意	不同意	中立	同意	非常同意
0	1	3	4	5

附录 X3　BRM 研究总结

PMI 委托世界领先的思想者和知识源进行了两项关于效益管理/效益实现的研究。研究目的是协助本实践指南的制定，并提供远见和理解。

第一项研究提供了将效益管理/效益实现管理整合到 PMI 标准中的统一观点。第二项研究则着眼于效益实现的测量。

本附录对这两项研究的结果进行了概述。

X3.1　报告#1

X3.1.1　报告#1 的目的

报告#1 是建立在以下四个问题的基础之上的：

1. 什么是效益实现和效益实现管理？
2. 效益实现和效益实现管理是否有同义词？哪些以经验或概念的方式用于学术研究中？哪些用于咨询文献中？哪些用于政府文件，包括法规？识别和区分出版物和政府法规中正在研究的术语。哪些在被从业者或他们的组织使用？这些术语之间的细微差别是什么？
3. 术语在项目中是如何使用的？存在的差别是什么？效益实现和效益实现管理在项目、项目集和项目组合中有同义词吗？
4. 术语在跨领域的项目组合、项目集和项目中是如何使用的，如学术研究、咨询行业、政府组织、从业者或其组织中？存在的差别是什么？

每一篇文献综述的分析阶段都以系统的方式提取了与这四个问题相关的素材，在学术回顾中使用了以下搜索词：

- 效益 + 管理。
- 效益 + 实现 + 管理。
- 效益 + 管理。
- 效益 + 实现 + 管理。

X3.1.2 报告#1 的发现和反思

对当前文献（截至 2016/12）的研究发现，效益、效益实现及相关词汇的定义缺乏通用术语（见表 X3-1）。

无论是在研究中还是在标准中，对于效益的定义都缺乏共识，即效益是否应该是可测量的、变革的结果，和/或者一种展示项目组合、项目集和项目对组织/战略目标所做出贡献的方式。

概念没有清晰明确的定义，会使成功地使用 BM/BRM 从而对组织的目标做出贡献的可能性降低。这证实了对术语进行审查的必要性。相关的文献显示出一种将“效益”等同于“价值”的倾向。这有许多危险，就如效益的最大化和优化之间的差异所示。在本实践指南的编写过程中，提供和考虑了使用“效益管理”和“效益实现管理”作为替代术语的优缺点。

X3.1.3 报告#1 的结论和建议

本报告提出了五项主要建议（见表 X3-2）。对于将效益管理/效益实现管理整合到 PMI 标准中这一观点的研究和分析突出了导致表 X3-2 所展示的结论和建议的特点。

表 X3-1 报告#1 的研究发现总结

研究的问题	报告#1 的研究发现总结
1. 什么是效益实现和效益实现管理?	虽然这些术语通常是指生命周期中的特定阶段，但这可能导致一种假设，即只在项目和项目集的结束阶段关注效益。需要强化这些术语来表达对于聚焦于效益之上的积极的管理流程的需要
2. 效益实现和效益实现管理是否有同义词？哪些以经验或概念的方式用于学术研究中？哪些用于咨询文献中？哪些用于政府文件，包括法规？识别和区分出版物和政府法规中正在研究的术语。哪些在被从业者或他们的组织使用？这些术语之间的细微差别是什么?	在所讨论问题的上下文中，有几个被用作术语和短语的同义词 “效益管理”既可用于指“效益实现”，也可用于指“效益实现管理”。效益管理是专业管理机构在其文献中使用的通用术语。在政府组织机构中，定义则侧重于包括了项目结束后或者项目集收尾阶段的生命周期管理，从识别效益、制订实现计划到实际实现和审查。而许多出版物中使用这种定义——组织和管理的流程，从而使来自信息服务/信息技术的潜在效益被真正实现。咨询顾问和从业者主要使用“效益管理”一词。“价值”“价值管理”及其他的一些包含“价值”一词的术语已经被使用在各种相关的文献中。术语“价值”同“效益”有着紧密而复杂的关系。在专业机构的文献中，术语“效益”和“价值”有三个概念：(1) 价值是涵盖了效益或其等价词汇的集合名词；(2)价值作为效益来讲时要减去实现效益所需的成本/资源；(3) 价值作为一个术语表示的是效益（或效益的其他表达方式）的量化 在效益、实现/效益、管理/效益、实现管理的研究中，有七种已经验证的方法，它们也可以被看作效益管理、效益实现管理的管理理念的同义词。还有四种无效的方法及六种在实践中开发的方法
3. 术语在项目中是如何使用的？存在的差别是什么？效益实现和效益实现管理在项目、项目集和项目组合中有同义词吗?	无论在专业机构还是在政府组织机构的文献中，来自项目集和项目的效益的实现主要在两个方面被提及：(1) 效益管理活动主要是在项目集层面而不是项目层面进行；(2) 效益管理在项目集层面和项目层面都适用 学术文献是对专业机构和政府组织机构文献结果的补充，然而对于顾问/从业者而言，关于效益存在于项目、项目集和项目组合的哪个层面有多种意见，有时这些意见截然相反 备注：人们普遍认为，项目组合是项目集和项目的集合，这些项目就是为了实现战略目标和项目集
4. 术语在跨领域的项目组合、项目集和项目中是如何使用的，如学术研究、咨询行业、政府组织、从业者或其组织等领域？存在的差别是什么?	在不同的文献类型中，“效益”“效益实现”“效益实现管理 ”的定义变化不大。效益管理和价值/价值管理在概念化上并没有太大不同，同义和差异化的使用模式也没有显著差别 学术文献更关注项目层面的效益。然而，这可以用学术研究的特点来解释，即经常以项目作为研究案例，并且很大比例的项目来自与信息服务/信息技术相关的投资领域 对专业机构和政府组织机构术语的审查主要从两个方面进行：(1) 举措（项目集或项目）层面和文档；(2) 项目组合层面的文档和效益管理/效益实现管理中的角色。对效益管理/效益实现管理的调查表明，专业机构和政府组织机构在文档类型和效益管理/效益实现管理中角色称谓的术语使用上有很强的一致性

表 X3-2　报告#1 的建议

报告#1 的建议	
1	关于术语“效益实现”与适用于整体管理理念的总称术语之间的关系。在使用术语“效益实现管理”“效益管理”和“效益实现”时要保持一致性。至关重要的是要鼓励对不断变化的整个投资生命周期内及其以后的效益进行积极管理
2	关于效益和价值之间的关系。这两个概念不应该被认为是同义的。重点应放在优化价值上，价值体现了效益和成本/资源及风险等其他领域之间的关系
3	关于不同层面上的效益管理/效益实现管理——项目组合、项目集和项目层面及更广泛的组织层面。建议明确各个层面的效益角色，整合流程应确保每个层面的责任人共同努力，以优化效益
4	将关注点放到组织背景这一更大的范围。虽然效益管理/效益实现管理是项目（包括项目集和项目组合）管理的一个关键部分，但效益管理/效益实现管理的职责应该扩展到整个组织中
5	应探索各种方案，以扩大与专业机构和学术界在管理学科上的合作。这可以为效益管理/效益实现管理和相关主题的发展提供更广泛的视角

X3.2　报告#2

X3.2.1　报告#2 的目的

报告#2 是建立在以下六个问题的基础之上的：

1．效益测量方法的发展现状是什么？

2．在项目中什么时候制定、定义和选择成果效益的测量方法？

3．谁负责评估效益？在项目的什么时间评估？

3a. 在项目生命周期和/或之后都有测量方法吗？

3b. 在项目结束多长时间以内效益仍被继续评估，以多长的间隔进行？

4．效益测量方法是否因项目类型而异，例如，变革类项目、创新或新产品开发类项目等？是否因行业、项目规模、潜在社会影响甚至客户身份而有所不同？

5．什么样的测量方法通常用于评估效益，尤其是从定量和/或定性两方面评估，哪些方法更常用？这是否随着研究问题 4 的维度变化而变化？

6．当效益最终责任与项目实施之间存在差异时会发生什么？

表 X3-3　报告#2 的研究发现总结

研究的问题	报告#2 的研究发现总结
1. 效益测量方法的发展现状是什么？	重点关注通用而非特定的效益测量方法，即较少关注具体的效益测量方法 大多数政府组织机构的资料只关注规范性指导，并提供一些只有描述性信息的例子 一些资料专门针对项目组合、项目集或项目；然而大多数的资料是针对项目集和项目的；一些出版物则关注这三个层面之间的整合
2. 在项目中什么时候制定、定义和选择成果效益的测量方法？	1/3 的资料没有涉及这个问题，其他的资料认为投资之前的测量是需要的 只有 1/4 的文献使用成对的术语在成果/最终效益和中间效益之间做了区分，如中间/结束、中间/最终、提前/滞后和短期/长期等二元性词语 要注意的是最终效益是依赖中间效益的，反之则不成立 许多关于效益管理的资料强调在效益测量方法上同相关方取得一致意见的重要性
3. 谁负责评估效益？在项目的什么时间进行评估？	关于由谁来测量效益并没有太多的讨论（许多资料讨论了测量但是没有说明谁来测量）。在那些讨论到这个问题的资料中，大多数指明这是一种业务责任，尤其是：业务变革经理和/或者效益负责人的责任 其他一些资料强调了项目管理办公室员工承担的引导/协调角色，特别是：(a) 项目组合效益经理/效益实现经理角色；(b) 项目组合/项目集/项目办公室所负有的核对与引导测量这些与效益相关的角色，通常由业务经理或项目集办公室中的类似职位来承担 在效益生命周期中，有两个主要的评估方法：连续或定期测量，以及投资前和投资后测量
3a. 在项目生命周期和/或之后都有测量方法吗？	大多数资料并未涉及这一问题，那些确实涉及了这一问题的资料包括识别和测量意外/非计划效益。值得注意的是成本/效益和商业论证指导侧重于计划效益，很少涉及意外效益 意外效益被看作对投资如何实现的理解，或者对内部或外部组织环境变化的响应 与效益/价值映射技术和/或提前/滞后量测量的使用只有很小的相关性，表明何时可能需要进行这些变更
3b. 在项目结束多长时间以内效益仍被继续评估，以多长的间隔进行？	大多数参考文献并未对此进行论述，但涉及的文献指出了以下几点：在项目集结束后，由效益变革经理/业务经理/运营经理继续进行测量，并对此负责
4. 效益测量方法是否因项目类型而异，例如，变革类项目、创新或新产品开发类项目等？是否因行业、项目规模、潜在社会影响甚至客户身份而有所不同？	除那些针对电子政务举措的指南外，其他指南被认为是通用的，与项目类型、行业和规模无关。指南针对：(a) 项目组合、项目集和项目从业者和项目经理；(b) 全球范围内的跨部门合作；(c) 中央/州/联邦政府，特别是自我监管的组织；(d) 从业者和商业论证撰写者；(e) 政府举措参与者/政策制定者。通常来说，指南对于确定不同维度之间的效益测量实践之间的差异的研究帮助很小
5. 什么样的测量方法通常用于评估效益，尤其是从定量和/或者定性两方面评估，哪些方法更常用？这是否随着研究问题 4 的维度变化而变化？	大约 50%的文献资料并没有对定量和定性的效益进行区分，大多数更关注定量的测量方法。 提到了定性的效益/测量方法的资料认为定性的效益/测量方法提供的价值要小于定量的效益/测量方法，与推荐将定性和定量的效益/测量方法结合起来的观点截然不同 测量描述中的关键词是相关的。组织中经常使用大量的度量指标和测量，那些少数的与创造和维持价值相关的关键度量指标却在噪声中丢失了。从定义上讲，测量需要某种形式的量化
6. 当效益最终责任与项目实施之间存在差异时会发生什么？	有关测量/预测准确性和实际效益实现的文献也提到了以下内容： • 商业论证并不总是能清楚地确定预期效益；当它们预测效益时，由于乐观主义偏见和战略误传，商业论证通常存在夸大的情况。这是导致随后在效益最终责任中产生许多失败的根源之一 • 普遍且持续地存在效益实现测量的失败，尤其是在交付结束之后

X3.2.2 报告#2 的结论和建议

报告提出了 8 条主要建议：

针对 X3.2.1 中的问题，效益测量的研究和分析突出了导致表 X3-4 中所概述的结论和建议的特点。

表 X3-4 报告#2 的建议

报告#2 的建议	
1	需要更多的举措来证明 BRM 使用者更容易进行效益测量管理实践
2	需要制定一致和明确的术语集，以指导与交付活动战略一致性有关的因果关系。这些术语需要包括项目组合和项目集层面（如适用），以协助效益测量流程，特别是在直接使用效益的领域，因为这些术语可用于依赖关系/映射工具中
3	需要在具备 BRM 流程及与关键相关方有效交互的进程中提供指导，以发展贯穿交付生命周期的效益测量方法。有用的工具包括 RACI 框架和相关方研讨会，将效益与组织优先事项联系起来
4	指导以强调整个生命周期内效益测量和管理的重要性，采取了一种强调实施后效益实现的新兴方法
5	项目、项目集和项目组合管理社区需要探索鼓励在企业范围内建立价值文化的方法，从而使对变革的投资带来的潜在效益得以实现。如果要实现潜在的长期效益，从上到下地对效益识别和实现的组织承诺是至关重要的
6	需要提供指导来建立一个框架，这个框架允许不同类别的投资和采用多个效益测量和管理方法。这个框架需要包括量化和货币化、目标设定、意外效益的跟踪和纳入，对测量的长期承诺的最大化，以及对效益管理行为和态度的转变
7	需要机会来加强跨学科合作，从而促进联合研究
8	需要加大投入，解决效益测量和管理研究的优先级程度不足的问题

这两份报告都已经告知 PMI 标准会员顾问小组、PMI 标准经理和工作人员及制定本实践指南的特许委员会。

参考文献

[1] Project Management Institute. 2018. *Pulse of the Profession® Survey: Success in Disruptive Times—Expanding the Value Delivery Landscape to Address the High Cost of Low Performance*. Newtown Square, PA: PMI.

[2] Project Management Institute. 2017. *A Guide to the Project Management Body of Knowledge (PMBOK® Guide)* – Sixth Edition. Newtown Square, PA: PMI.

[3] Project Management Institute. 2011. *Practice Standard for Earned Value Management* – Second Edition. Newtown Square, PA: PMI.

[4] Project Management Institute. 2018. *The Standard for Organizational Project Management (OPM)* – Second Edition. Newtown Square, Newton Square, PA: PMI.

[5] Project Management Institute. 2016. *Governance for Portfolios, Programs, and Projects: A Practice Guide*. Newtown Square, PA: PMI.

[6] Project Management Institute. 2017. *Project Manager Competency Development Framework* – Third Edition. Newtown Square, PA: PMI.

[7] Project Management Institute. 2013. *Managing Change in Organizations: A Practice Guide*. Newtown Square, PA: PMI.

[8] Project Management Institute. 2017. *The PMI Guide to Business Analysis*. Newtown Square, PA: PMI.

[9] Project Management Institute. 2017. *The Standard for Portfolio Management* – Fourth Edition. Newtown Square, PA: PMI.

[10] Project Management Institute. 2017. *The Standard for Program Management* – Fourth Edition. Newtown Square, PA: PMI.

[11] Project Management Institute. 2016. *PMI Thought Leadership Series – Benefits Realization Management Framework*. Newtown Square, PA: PMI.

参考书目

此处包含了可以用来获取效益实现管理其他信息的推荐阅读书目。

PMI 出版物

Project Management Institute. 2016. *Pulse of the Profession® Report – Beyond the Project: Sustain Benefits to Optimize Business Value. Newtown* Square, PA: PMI.

Project Management Institute. 2016. *PMI Thought Leadership Series – Connecting Business Strategy and Project Management.* Newtown Square, PA: PMI.

Project Management Institute. 2016. *Pulse of the Profession® Report – Delivering Value: Focus on Benefits During Project Execution.* Newtown Square, PA: PMI.

Project Management Institute. 2016. *PMI Thought Leadership Series – Establishing Benefits Ownership and Accountability.* Newtown Square, PA: PMI.

Project Management Institute. 2016. *PMI's Pulse of the Profession® In-Depth Report: The Strategic Impact of Projects—Identify Benefits to Drive Business Results.* Newtown Square, PA: PMI.

Project Management Institute. 2016. PMI Thought Leadership Series – Strengthening Benefits Awareness in the C-suite. Newtown Square, PA: PMI.

其他标准和政府出版物

Association for Project Management. 2012. APM Body of Knowledge – Sixth Edition. Buckinghamshire, UK: APM.

Australian Federal Government. 2012. Assurance Review Process – Lessons Learned: Benefits Realisation Management. Available from http://www.finance.gov.au/assurancereviews.

Change Management Institute. 2013. *The Change Management Body of Knowledge* – First Edition. Sydney: CMI.
International Organization for Standardization. ISO 21504:2015 *Guidance on Portfolio Management*. Geneva: ISO.
International Organization for Standardization. ISO 21505:2017 *Project, Programme and Portfolio Management:* Guidance on Governance. Geneva: ISO.

State of New South Wales. 2015. Benefits Realisation Management Framework Parts 1-5. Available from: https://www.finance.nsw.gov.au/publication-and-resources/benefits-realisation-management-framework.

UK Government. 2011. *Assurance of Benefits Realisation in Major Projects Supplementary guidance v1*, available at https://www.gov.uk/government/publications/assurance-of-benefits- realisation-in-major-projects.

UK Government. 2017. *Guide for Effective Benefits Management in Major Projects*. Available from: https://www.gov.uk/government/publications/guide-for-effective-benefits-management-in- major-projects.

其他出版物

Breese, R., Jenner, S., Serra, C. E. M., and Thorp, J. 2015. "Benefits Management: Lost or Found in Translation." *International Journal of Project Management*, *33*(7): 1438-1451.

Hellang, Ø., Flak, L.S., and Päivärinta, T. 2013. "Diverging Approaches to Benefits Realization from Public ICT Investments: A Study of Benefits Realization Methods in Norway." *Transforming Government: People, Process and Policy*, *7*(1): 93-108.

Jenner, S. 2014. Managing Benefits: Optimizing the Return from Investments – Second Edition. Norwich: TSO.

Jenner, S. 2010. Transforming Government and Public Services – Realising Benefits through Project Portfolio Management. Gower.

Kerzner, H. 2016. *Benefits Realization and Value Management*. Available from https://www.iil.com/resources/harold-kerzner-benefits-realization-and-value-management.html.

Letavec, C. 2014. *Strategic Benefits Realization: Optimizing Value through Programs, Portfolios and Organizational Change Management*. Plantation, FL: J. Ross Publishing.

Musawir, A. U., Serra, C. E. M., Zwikael, O., and Ali, I. 2017. "Project Governance, Benefit Management, and Project Success: Towards a Framework for Supporting Organizational Strategy Implementation." *International Journal of Project Management*, *35*(2017): 1658–1672.

Renaard, L. 2016. "Essential Frameworks and Methodologies to Maximize the Value of IT." *ISACA Journal*, Vol 2.

Serra, C. E. M. 2016. *Benefits Realization Management: Strategic Value from Portfolios, Programs, and Projects*. Boca Raton, FL: CRC Press.

Terlizzi, M. A., and Albertin, A. L. 2017. "IT Benefits Management in Financial Institutions: Practices and Barriers." *International Journal of Project Management*, *35*(5): 763-782.

Zwikael, O., Chih, Y., and Meredith, J. 2018. "Project Benefit Management: Setting Effective Target Benefits." *International Journal of Project Management*, *36*(4): 650-658.

术语表（英文排序）

1. 缩写

BAU 日常业务

BRM 效益实现管理

CSE 关键成功驱动因素

OCM 组织变革管理

2. 定义

Anticipated Benefit 预期效益　请参见计划效益。

Benefit 效益　组织和受益人通过项目组合、项目集或项目的输出及由此产生的成果实现的收获。

Benefit Categorization 效益分类　可以识别效益并将其分组以在组织中管理的一种方法。

Benefit Map 效益地图　实现效益所需的主要元素之间关系的图形表征。

Benefit Owner 效益负责人　在组织效益实现管理生命周期中负责指导、做相关决策、实现和维持效益的个人或群体。

Benefit Profile 效益概况　效益、其预期受益人、实现标准的说明，是效益登记册的组成部分。

Benefits Realization 效益实现　预期受益人对使用项目组合、项目集和项目的输出所产生的收获的整合。

Benefits Realization Management (BRM) 效益实现管理　用来实现和维持项目组合、项目集和项目投资所产生的潜在效益的日常组织和管理工作。

Benefits Realization Management Framework (BRM Framework) 效益实现管理框架（BRM 框架）　一组旨在定义、开发、实现和维持计划效益的综合治理和管理实践。

Benefits Realization Management Life Cycle (BRM Life Cycle) 效益实现管理生命周期（BRM 生命周期）　管理一项效益从概念到实现和维持，表示为识别、执行和维持这三个通用阶段，也称为 BRM 生命周期。

Benefits Realization Management Plan 效益实现管理计划　实现一项或多项计划效益或一组相关效益的计划活动、时间表和标准。

Benefits Realization Management Strategy (BRM Strategy) 效益实现管理战略（BRM 战略）　组织用于管理通过项目组合、项目集和项目的输出及所产生的结果实现的计划效益的高层级指导。

Benefits Register 效益登记册　记录效益概况的存储库。可以在组织的不同层级以聚合的方式使用，以适应组织的需要。

Benefits Sustainment 效益维持　效益负责人和受益人持续开展的活动，以确保通过项目组合、项目集和项目的输出实现的成果和效益得以延续。

Benefits Traceability Matrix 效益跟踪矩阵　将计划效益映射到项目组合、项目集和项目的输出的网格，是效益实现管理计划的组成部分，可以补充效益登记册。

Direct Benefits 直接效益　按照既定受益人的计划，实现的明确、可测量的收获。

Disbenefit 负面效益　被一个或多个相关方认为不利的项目组合、项目集或项目的输出的直接后果。

Emergent Benefit 意外效益　在项目集、项目执行期间或之后，或者项目组合之中产生的未预期的效益，也称为计划外效益或未预期效益。

Expected Benefit 期望效益　请参见计划效益。

Indirect Benefit 间接效益　既定受益人或他人在实现一项直接效益时实现的计划或计划外的次级或偶然收获。

Intangible Benefit 无形效益　不能直接客观地测量而是依赖代理或代表、度量或评估的效益。

Outcome 成果　通过使用项目组合、项目集和项目的输出获得的结果。

Output 输出　项目组合、项目集或项目的预期可交付成果。

Planned Benefit 计划效益　一项通过组织效益实现管理系统选择和批准的既定受益人的预期收获，也称为预期效益或期望效益。

Tangible Benefit 有形效益　能基于证据客观测量的效益。

Unanticipated Benefit 未预期效益　请参见意外效益。

Unplanned Benefit 计划外效益　请参见意外效益。

Value 价值　已实现的效益减去为实现这些效益所付出的成本的净结果。价值可能是有形的或无形的。

术语表（中文排序）

1. 缩写

关键成功驱动因素 CSE

日常业务 BAU

效益实现管理 BRM

组织变革管理 OCM

2. 定义

成果 Outcome　通过使用项目组合、项目集和项目的输出获得的结果。

负面效益 Disbenefit　被一个或多个相关方认为不利的项目组合、项目集或项目的输出的直接后果。

计划效益 Planned Benefit　一项通过组织效益实现管理系统选择和批准的既定受益人的预期收获，也称为预期效益或期望效益。

计划外效益 Unplanned Benefit　请参见意外效益。

价值 Value　已实现的效益减去为实现这些效益所付出的成本的净结果。价值可能是有形的或无形的。

间接效益 Indirect Benefit　既定受益人或他人在实现一项直接效益时实现的计划或计划外的次级或偶然收获。

期望效益 Expected Benefit　请参见计划效益。

输出 Output　项目组合、项目集或项目的预期可交付成果。

未预期效益 Unanticipated Benefit　请参见意外效益。

无形效益 Intangible Benefit　不能直接客观地测量而是依赖代理或代表、度量或评估的效益。

效益 Benefit　组织和受益人通过项目组合、项目集或项目的输出及由此产生的成果实现的收获。

效益登记册 Benefits Register　记录效益概况的存储库。可以在组织的不同层级以聚合的方式使用，以适应组织的需要。

效益地图 Benefit Map　实现效益所需的主要元素之间关系的图形表征。

效益分类 Benefit Categorization　可以识别效益并将其分组以在组织中管理的一种方法。

效益负责人 Benefit Owner　在组织效益实现管理生命周期中负责指导、做相关决策、实现和维持效益的个人或群体。

效益概况 Benefit Profile　效益、其预期受益人、实现标准的说明，是效益登记册的组成部分。

效益跟踪矩阵 Benefits Traceability Matrix　将计划效益映射到项目组合、项目集和项目的输出的网格，是效益实现管理计划的组成部分，可以补充效益登记册。

效益实现 Benefits Realization　预期受益人对使用项目组合、项目集和项目的输出所产生的收获的整合。

效益实现管理 Benefits Realization Management (BRM)　用来实现和维持项目组合、项目集和项目投资所产生的潜在效益的日常组织和管理工作。

效益实现管理计划 Benefits Realization Management Plan　实现一项或多项计划效益或一组相关效益的计划活动、时间表和标准。

效益实现管理框架（BRM 框架） Benefits Realization Management Framework (BRM Framework)　一组旨在定义、开发、实现和维持计划效益的综合治理和管理实践。

效益实现管理生命周期（BRM 生命周期） Benefits Realization Management Life Cycle (BRM Life Cycle)　管理一项效益从概念到实现和维持，表示为识别、执行和维持这三个通用阶段，也称为 BRM 生命周期。

效益实现管理战略（BRM 战略） Benefits Realization Management Strategy (BRM Strategy)　组织用于管理通过项目组合、项目集和项目的输出及所产生的结果实现的计划效益的高层级指导。

效益维持 Benefits Sustainment　效益负责人和受益人持续开展的活动，以确保通过项目组合、项目集和项目的输出实现的成果和效益得以延续。

意外效益 Emergent Benefit　在项目集、项目执行期间或之后，或者项目组合之中产生的未预期的效益，也称为计划外效益或未预期效益。

有形效益 Tangible Benefit　能基于证据客观测量的效益。

预期效益 Anticipated Benefit　请参见计划效益。

直接效益 Direct Benefits　按照既定受益人的计划，实现的明确、可测量的收获。

索引

C

D

E

F

G

H

I